Healthy kids

- delicioso y saludable -

BARKER & JULES

BARKER & JULES

HEALTHY KIDS - DELICIOSO Y SALUDABLE

Edición: BARKER & JULES™
Diseño de Portada: María Elisa Almanza | BARKER & JULES™
Diseño de Interiores: Mariana Galindo | BARKER & JULES™
Fotografía de Recetas y Portada: Ricardo Ruiz

Primera edición - 2022
D. R. © 2022, Diana Ancona, Ericka Mota, Gabriela Ibarra
y Daniela Gutiérrez de Velasco.

I.S.B.N. | 978-1-64789-853-3
I.S.B.N. Hardcover | 978-1-64789-827-4
I.S.B.N. eBook | 978-1-64789-852-6

COPYRIGHT: 1-11172151891

Todos los derechos reservados. No se permite la reproducción total o parcial de este libro, ni su incorporación a un sistema informático, ni su transmisión en cualquier forma o por cualquier medio, ya sea electrónico, mecánico, fotocopia, grabación u otros, sin autorización expresa y por escrito del autor. La información, la opinión, el análisis y el contenido de esta publicación es responsabilidad de los autores que la signan y no necesariamente representan el punto de vista de BARKER & JULES™, sus socios, asociados y equipo en general.

BARKER & JULES™ y sus derivados son propiedad de BARKER & JULES LLC.

BARKER & JULES, LLC
3776 Howard Hughes Pkwy 549, Las Vegas, NV 89169
barkerandjules.com

Introducción

La alimentación complementaria es una etapa que nos llena de ilusión a la mayoría de las mamás. Nos emociona ver a nuestros bebés descubriendo los distintos sabores, texturas y formas que tienen los alimentos que consumimos a diario.

Como mamás, sabemos que esta etapa puede estar acompañada de estrés, miedo e inseguridad para muchas de nosotras, ya que al haber tanta información disponible (el pediatra, la abuela, la tía o la influencer diciendo qué y cómo debe comer) es complicado distinguir y discernir qué es lo mejor para los pequeños: qué ofrecerles, cómo y cuánto.

Este libro surge de la necesidad que vimos en muchas mamás de contar con un documento confiable y sencillo de entender, en el cual apoyarse para llevar a cabo esta etapa con confianza; un libro que pudiera resolver sus dudas de manera sencilla, y que a la vez les proporcionara ideas para nutrir a su bebé de la mejor forma posible.

Este libro y recetario serán el complemento perfecto para asegurarte de que tu bebé reciba una alimentación óptima y apropiada para su desarrollo; y para que se incorpore de manera adecuada y saludable a la dieta familiar.

Un libro que crecerá con tu bebé, y que lo guiará en el descubrimiento de un mundo lleno de sabor: nutritivo y delicioso.

¡Esperamos que te sea de muchísima utilidad! Muchas gracias por tu confianza y apoyo.

Con cariño, Diana, Ericka, Gaby y Dany.

Diana Ancona

Licenciada en Nutrición y Ciencia de los Alimentos (Universidad Iberoamericana, CDMX). Maestra en Salud Global (Glasgow University, Scotland, UK). Más de diez años de experiencia profesional en la industria de salud y bienestar.

Soy mamá de Matthew, nacido el 26 de febrero de 2020 a las veintinueve semanas de gestación. La maternidad cambió y complementó mi vida personal y profesional de una manera muy bonita. Como nutrióloga y mamá, el área de la alimentación complementaria me apasiona mucho.

Tengo una certificación en alimentación complementaria y Baby Lead Weaning (BLW), y he tomado diversos cursos en la materia para seguir actualizándome. La etapa de la niñez nos da la oportunidad de transmitirle a nuestros hijos hábitos saludables que perduren durante toda su vida.

En mi Instagram encontrarás muchas recomendaciones de maternidad. Actualmente, cada semana recibo invitados para hablar sobre temas de maternidad y salud en mis Martes de Especialistas con Diana. Allí comparto recetas saludables, aporto mis mejores consejos para elegir los productos más recomendables del mercado, y hablo de mi vida como mamá primeriza. ¡Te invito a seguirme y a vivir esta etapa juntas!

◯ @diana.anconawellnes
✉ diana@anconawellness.com

Ericka Mota

Licenciada en Nutrición y Ciencia de los Alimentos (Universidad Iberoamericana, Tijuana), Maestría en Nutrición Clínica (Universidad del Valle de México, Hermosillo). Más de diez años de experiencia profesional en consulta privada.

Soy mamá de Luis Eduardo, nacido el 17 de abril de 2020. Me considero una nutrióloga apasionada y enamorada de su profesión. Tengo experiencia de diez años en consulta, donde he tenido la oportunidad de acompañar a muchas mujeres en su maternidad, desde su embarazo hasta el momento en que tienen que incorporar a su familia a un estilo de vida saludable.

Como buena mamá nutrióloga, soñaba con llegar a la etapa de la alimentación complementaria con mi bebé, ya que ésta nos brinda la oportunidad perfecta para comenzar a formar en nuestros pequeños hábitos saludables que perduren para siempre. Entonces, decidí seguir actualizándome, lo que me llevó a obtener una certificación en Baby-Led Weaning. A inicios de 2021, pensando en las necesidades de las mamás, junto a Diana y Gaby creamos Mamá Nutrima, Allí creamos contenido enfocado en el apoyo a las mamás durante el proceso de nutrición de sus pequeños. Como mamá trabajadora, conozco la importancia de que los platillos que damos a nuestros bebés sean sencillos de preparar, ya que contamos con poco tiempo para elaborarlos. En mis redes sociales me he dedicado a ser vocera de este tipo de información. En ellas también podrás ver mi día a día como mamá profesionista. ¡Vivamos juntas esta bella etapa y de la forma más saludable posible!

@nutriologaerickamota
Nutrióloga Ericka Mota
@masmamiquenutri
nut.erim@gmail.com

Gabriela Ibarra

Licenciada en Nutrición (Universidad del Valle de México, Hermosillo, Sonora), Obesity & body weight regulation (Harvard University, Cambridge, Massachusetts); estudios en Nutrigenética y Professional Partner de Genovive. Más de siete años de experiencia profesional en consulta privada.

Soy mamá de Gabriela, nacida el 29 de julio del 2019. Ella es mi mejor maestra y quien vino a cambiar completamente mi vida, tanto en lo personal como en el ámbito profesional. Mi hija me ha motivado a profundizar más en el área de Nutrición Pediátrica.

He realizado varios cursos y obtuve una certificación en alimentación complementaria y Baby-Led-Weaning (BLW). De esta manera, he complementado y ampliado mis conocimientos, lo que me permite compartirles información siempre actualizada.

En estos momentos, con mucha ilusión y amor, esperamos al nuevo bebé que viene en camino. Él también me motiva a reforzar y ampliar mis conocimientos.

En mi cuenta de Instagram podrás encontrar un poquito de mí; conocerás la alimentación de Gabriela y lo que se acostumbra en mi cocina. Espero que les sea de provecho y podamos disfrutar juntas esta etapa tan maravillosa de nuestros hijos.

@gabrielaibarra.mx
gibarra.nutricion@gmail.com

Daniela Gutiérrez de Velasco

Licenciada en Diseño Gráfico y Animación (Universidad TecMilenio, Veracruz). Creadora de la plataforma digital Healthy Baby Food México®, coautora del libro El ABC de la Alimentación Complementaria y autora del recetario Healthy Baby Food. Recetas Saludables para Fiestas de Cumpleaños. Presidenta de la Fundación Juntos por un Mismo Fin A.C., desde el 2016.

Soy mamá de Fernando, nacido el 22 de julio de 2017; y de Ana María, nacida el 4 de septiembre de 2019. Mis hijos han cambiado mi vida en aspectos que nunca imaginé. Y me han enseñado lo que ahora es una de mis pasiones. Me adentré en la temática de la alimentación saludable cuando mi primer hijo comenzó la alimentación complementaria. Desde entonces, me he dedicado a propagar esta valiosa información, la cual es capaz de prevenir muchas enfermedades y crear una buena relación con los alimentos desde los primeros años de vida.

A través de mi cuenta de Instagram comparto constantemente recetas deliciosas, saludables y fáciles de preparar. Además, invito a médicos, nutriólogos y especialistas a responder a las dudas que se nos presentan cuando nos convertimos en mamás.

@healthybabyfood_mx   www.healthybabyfood.mx
Healthybabyfoodmexico@gmail.com

Índice

Alimentación complementaria +6M

Todo lo que necesitas saber sobre la alimentación complementaria	17
¿Cuándo y cómo iniciarla?	17
Métodos de alimentación	20
Porciones de comida	22
Frecuencia de la comida	23
Grupos de alimentos	24
Alimentos alergénicos	26
Regla de los tres días	27
Alimentos no recomendados durante la AC	27
Importancia de la hidratación	28
Consejos para que tu bebé coma mejor	29
Tips básicos para elegir algunos alimentos comunes	32
Método Papillas	35
Método BLISS	36
Método BLW	36

Recetas comodín +9M

Harina de avena	44
Salsa casera de tomate	44
Salsa verde casera	45
Salsa para pizza	45
Salsa verde casera	45
Salsa para pizza	45

Huevo vegano	46
Pasta de dátil	46
Crema de almendras	47

Desayunos +9M

French toast rolls	52
Frijoles de la olla	54
Waffles de espinacas	56
Hotcakes de plátano y zanahoria	58
Hotcakes de betabel	60
Hotcakes veganos de espinaca, plátano y avena	62
Hotcakes de almendras	64
Yogurt vegano a base de tofu	66
Pink yogurt	68
Banana sushi	70
Guisado de papa con verdura	72
Tortilla española	74
Minieggs cups	76
Rollitos de huevo con aguacate	78
Arepa de pollo con guacamole	80

Comidas +9M

Empanaditas de plátano macho	86
Nuggets de pollo	88
Pasta de crema de brócoli con albóndigas de pollo	90
Pasta con lentejas y salsa de tomate	92
Pasta a la boloñesa	94
Ceviche de frijol	96
Hamburguesitas con carne de res	98

Taco de pescado en salsa de aguacate	100
Entomatada de pollo	102
Sushi bites	104
Tortitas de camote y lentejas	106
Tortitas de papa, frijol, linaza y zanahoria en salsa verde	108
Yakimeshi de pollo	110
Poke bowl	112
Fish sticks	114

Cenas +9M

Minipizzas	120
Mac and cheese	122
Enfrijolada de aguacate y brócoli	124
Mollete con salsa de tomate	126
Mini hotcakes de camote	128
Mini tlacoyos de requesón	130
Palitos de pan con hummus de betabel	132
Avena con betabel y fresa	134
Buddha bowl	136
Quesadilla de maíz con aguacate	138
Tortitas de papa con brócoli	140
Lentejas con verduras	142
Arepa de frijol	144
Pizza de frutas	146
Tortitas de brócoli	148

Snacks +9M

Bites de Pastel de Zanahoria	158
Galletas de avena	160

Manzana asada con canela y yogurt	162
Bastones de zanahoria y hummus de betabel	164
Mousse de pay de limón con coco	166
Dátiles rellenos	168
Deditos de brócoli y calabacita con dip de tomate	170
Paleta helada de fresa, sandía y chía	172
Minicupcakes de avena	174
Vegetales rallados con limón y aguacate	176
Toast animados	178
Frozen yogurt cups	180
Guacamole con pico de gallo y bastones de vegetales	182
Corazones de amaranto y fruta	184
Galletas de naranja y nuez	186

Recetas familiares +1 Año

Chilaquiles horneados	196
Waffles	198
Omelette	200
Avena con plátano	202
Avo toast	204
Asado	206
Salmón marinado con ajo y limón con puré de papa y coliflor	209
Rollitos de pollo con espinaca y pasta en crema de calabaza	212
Fish and chips	215
Caldo de verduras con tofu	218
Mollete con champiñones	220
Ensalada con pollo a la parrilla	222
Rollitos de lasaña con ricotta y espinaca	225
Croquetas de pollo y papa	228
Pizza en pan pita	231

Postres +1 Año

Donas integrales	238
Pastel de Frutas	240
Granola cups	242
Helado de mango	244
Helado de frutos rojos	246
Helado de cacahuate con plátano	248
Paletas heladas marmoleadas	250
Bolitas de pay de limón	252
Muffins de manzana	254
Brochetas de crepas	256
Energy balls de cacao	258
Zucchini banana bread	260
Galletas de manzana y plátano	262
Pastel crudivegano	264
Pastel de chocolate	267

Glosario 272

Agradecimientos 290

Referencias bibliográficas 293

Alimentación complementaria +6 meses

Información práctica que necesitas saber para iniciar con cualquiera de los métodos de alimentación

Todo lo que necesitas saber sobre la alimentación complementaria

La alimentación complementaria se da en el momento en que los niños empiezan a recibir otros alimentos, además de la leche. Esta etapa, tan crucial en la vida de nuestros hijos, abarca desde los seis meses hasta los dieciocho a veinticuatro meses de edad. De acuerdo a la Organización Mundial de la Salud (OMS), la alimentación complementaria debe ser suficiente y los alimentos deben tener una correcta consistencia y variedad. Además, deberán administrarse en la frecuencia y cantidades apropiadas, lo que permita cubrir las necesidades nutricionales del niño en crecimiento. Esto se realizará sin abandonar la lactancia materna y/o fórmula (dependiendo del caso), la cual continuará siendo su fuente principal de alimento hasta el año de vida.

Los primeros dos años de vida son cruciales para el desarrollo del niño. Sabemos que, en ocasiones, nuestras rutinas no son las más sencillas, pues, además de ser mamás, trabajamos y ejercemos nuestro rol de amas de casa. Es por eso que llegar a la etapa de alimentación complementaria suele ser algo abrumador. Pensando en todo esto, decidimos hacer esta guía, la cual te acompañará desde el inicio de esta hermosa etapa. Te proporcionará las bases adecuadas para iniciarla, llevándote de la mano hasta el momento en que tu hijo pueda ser parte de la dieta familiar saludable.

¿Cuándo y cómo iniciarla?

La Organización Mundial de la Salud (OMS), Academia Americana de Pediatría, Asociación Mexicana de Pediatría, Confederación Nacional de Pediatría de México y Secretaría de Salud en México, entre otros, recomiendan mantener la lactancia materna de forma exclusiva por seis meses, y después iniciar con los alimentos complementarios.

Existe una serie de factores a tomar en cuenta para saber si tu bebé está listo para iniciar la alimentación complementaria. Asegúrate de que cumpla con la mayoría antes de empezar con sus primeros alimentos:

- Que tome objetos con las manos.
- Que logre sentarse, aunque sea con apoyo.
- Que tenga buen control de cuello y cabeza.
- Que haya desaparecido el reflejo de extrusión (cuando el lactante empuja con la lengua hacia afuera todo alimento sólido o semisólido). Cuando desaparece, el bebé puede tragar fácilmente.
- Que muestre interés por los alimentos.
- Coordinación ojo-mano-boca.

No hay ningún alimento en específico con el cual deba iniciarse la alimentación complementaria. No obstante, se debe dar prioridad a los alimentos ricos en hierro y zinc, ya que el recién nacido de término (treinta y siete semanas en adelante) tiene reservas de hierro suficientes para cubrir sus necesidades entre los cuatro a seis meses.

Después de esa edad, éstas comienzan a agotarse, al igual que las de zinc. La cantidad presente en la leche materna disminuye meses después del parto (independientemente de la alimentación de la madre). Por lo cual, va a ser importante incluirlo al inicio de la alimentación complementaria.

En promedio se necesitan tres miligramos por día en bebés de entre siete meses a tres años. Las proteínas animales son una buena fuente de zinc, principalmente el hígado y la carne roja, seguidos por el puerco, leche, queso y, en menor cantidad, el pescado; otra buena fuente son las legumbres (lentejas, frijoles, garbanzo), granos enteros y nueces (siempre trituradas).

Recomendaciones de hierro

Recomendación	Edad	Hierro (mg/día)
Adequate Intake (Ingesta adecuada)	0-6 meses	0.27
Recommended Dietary Allowance (Aporte dietético recomendado)	7-12 meses	11
Recommended Dietary Allowance (Aporte dietético recomendado)	1-3 años	7
ESPGHAN	Pretérmino <2kg 1-6 meses	2-3 mg/kg hasta 15 mg/día
ESPGHAN	Bajo peso 2-2.5 kg 1-6 meses	1-2 mg/kg

American Academy of Pediatrics, Committee on Nutrition. [chapter 19]. In: Kleinman Re, Greer Fr, eds. Pediatric Nutrition. 8th ed. 2019 [page 564]

Como se muestra en la tabla, a partir de los seis meses las necesidades de hierro aumentan de 0.27 a 11 mg al día, por lo cual es importante incluir alimentos ricos en este mineral.

Puedes encontrar el hierro en diversos alimentos, pero debes recordar que su absorción dependerá del tipo de hierro. El «hierro hem» se encuentra en alimentos de origen animal como la carne roja, el hígado, el pollo, el pavo y el pescado. El porcentaje de absorción de éstos está en un rango que va del 20% al 35%.

El «hierro no hem» se encuentra en alimentos de origen vegetal como la soya, el germen de trigo, las alubias, los frijoles, las lentejas, los garbanzos, las espinacas, los champiñones, la quinoa y la calabaza. Su absorción es de un 5% y ésta puede aumentar si a la par se consumen alimentos ricos en vitamina C como frutas, vegetales de hoja verde, tomate, brócoli, pimiento, perejil y zanahoria.

Los daños causados por no prestarles atención a los alimentos ricos en hierro y zinc en la edad temprana pueden ser irreversibles. Esto puede causar retrasos en el desarrollo psicológico, así como problemas de tipo sensorial, motriz, cognitivo, de lenguaje y socioemocional.

Métodos de alimentación para sus primeros alimentos

Existen tres métodos principales para iniciar la alimentación complementaria. Ninguno es mejor que otro; todos tienen sus ventajas y desventajas. Lo ideal es que selecciones el que los haga sentir más cómodos a tu bebé y a ti. Es importante mencionar que, independientemente del método que elijan, es necesario educar en la prevención de atragantamientos y primeros auxilios a todas las familias.

1. Método tradicional: También conocido como «Progresión de texturas». En este método, el bebé es alimentado por sus padres a través de papillas, las cuales deben evolucionar poco a poco a machacados y posteriormente a picados finos. Al llegar a los nueve meses de edad, el bebé debería ser capaz de comer picados gruesos. Es un sistema que hace sentir seguros a muchos papás porque tienen un mayor control de lo que les dan a sus hijos.

2. Baby-Led Weaning (BLW): El bebé «dirige» el proceso de la alimentación complementaria desde el principio. Se alimenta por sí mismo a través de trozos. Lo hace con sus manos, en lugar de utilizar utensilios o de servirse de la ayuda de sus papás (siempre en la consistencia y el tamaño adecuado).

En este método se promueve su autonomía, se ahorra tiempo y costo en alimentos y se propicia en el bebé el desarrollo de buenas señales de hambre-saciedad, lo que disminuye el riesgo de sobrepeso y obesidad en el futuro.

Los padres eligen qué preparar y el bebé elige cuánto y qué comer del alimento a su alcance. Es el método que supone el mayor riesgo de asfixia, por lo que es fundamental que los alimentos se ofrezcan en la cocción y cortes apropiados.

Una de sus grandes desventajas es que el bebé, al ser él quien elige qué y cuánto comer, puede presentar deficiencias de hierro o energía cuando la introducción de alimentos se hace de forma inadecuada y la familia no lleva una dieta variada, balanceada y saludable. También debe hacerse una adaptación en la forma de preparación, pues los bebés no deben comer sal antes del año.

3. Baby Lead Introduction to Solids (BLISS): Es una adaptación del BLW, la cual nació como respuesta a la preocupación de los profesionales de la salud ante la baja ingesta de hierro. Existen muchos alimentos que, por su forma y textura originales, podrían ocasionar riesgo de asfixia, por lo cual un bebé de seis meses no podría comerlos en trozos.

En el caso de la carne de res, por ejemplo, se recomienda suministrarla primero en papilla e ir progresando en su textura. Esta es la razón por la cual este método sería una combinación del método tradicional y del BLW; sin embargo, se enfoca en introducir alimentos altos en hierro, zinc y vitaminas necesarias a esta edad. Este método también es muy útil para las mamás que quieren comenzar con papillas y, al mismo tiempo, ofrecer el alimento en trozos, con la textura y el corte adecuado para que el bebé pueda conocerlo, familiarizarse con él e incluso llevárselo a la boca.

Nosotras aplicamos el método BLISS con nuestros hijos durante la alimentación complementaria, ya que abarca lo mejor de los dos métodos. Por medio de las papillas y, con ayuda de la cuchara, nos aseguramos de que el bebé esté recibiendo alimentos ricos en hierro y energía en esta primera etapa de la alimentación complementaria; y, por otro lado, de que pueda explorar, elegir y aceptar mejor los alimentos.

Porciones de comida

Cada bebé tiene un ritmo y requerimiento nutricional diferente. Te recomendamos que en esta etapa tan importante lo hagas de la mano de un nutriólogo con especialidad en Nutrición Pediátrica. Así podrás estar más tranquila y enfocarte en ofrecer una variedad saludable de alimentos, trabajando junto a tu bebé en construir una buena relación con la comida. Es importante respetar las señales de hambre-saciedad de tu bebé. Haz que pruebe muchos alimentos, proporcionándole una variedad rica en colores y texturas.

Como padres, somos responsables de elegir dónde comerán nuestros hijos (silla de comer que cumpla con las recomendaciones) y qué comerán (alimentos de calidad); mientras que ellos, por su parte, serán los que elijan cuánto comer.

Cabe destacar que este recetario no sustituye una consulta de Nutrición Pediátrica y que sus fines son ilustrativos. Las necesidades de cada bebé son únicas y deberán ser personalizadas en consulta. Si sientes inquietud por conocer las de tu bebé, o por comprender los motivos de alguna condición especial (no sube adecuadamente de peso, tiene problemas de aceptación de alimentos, nació prematuro, entre otras), será recomendable una asesoría de nutrición personalizada con una nutrióloga pediátrica.

Te sugerimos no abusar de la proteína animal, ya que el requerimiento de proteína en bebés es bajo (en promedio, un gramo por kg de peso), además de que la leche ya aporta gran parte de ella. Trata de incluir una proteína de origen vegetal al día; y si das huevo, que sea sólo una vez al día para evitar pasarte en su requerimiento proteico.

Tabla para fines educativos

Alimento	Cantidad (gr)	Proteína (gr)
Pechuga de pollo	30 gr	7 gr
Hígado de pollo	30 gr	7 gr
Res	30 gr	7 gr
Hígado de res	30 gr	7 gr
Pavo	40 gr	7 gr
Pescado	40 gr	7 gr
Salmón	30 gr	7 gr
Camarón	30 gr	7 gr
Huevo	1 pieza	6 gr
Yogurt natural (>9m)	½ taza	4 gr
Yogurt griego (>9m)	½ taza	11 gr

Frecuencia de la comida

6-7 MESES
2-3 veces al día

7-9 MESES
3 veces al día

9-12 MESES
4 veces al día
(3 comidas y 1 snack)

+12 MESES
5 veces al día
(3 comidas y 2 snacks)

Grupos de alimentos

Los alimentos se catalogan según los nutrimentos que aportan en distintos grupos. Cada uno de ellos brinda diferentes nutrientes, vitaminas y minerales, por lo cual es de suma importancia que la alimentación sea siempre variada y que trate de cumplir con los cinco grupos de alimentos en cada tiempo de comida principal, pues cada uno de ellos aporta beneficios necesarios para el desarrollo de tu bebé.

Los cinco grupos de alimentos son:

En la siguiente tabla te proporcionamos ejemplos de los distintos grupos para que puedas realizar combinaciones apropiadas y, a su vez, platillos completos para tu bebé.

Proteína

Proteína animal
Huevo*
Pollo
Cerdo
Res
Pavo
Cordero
Pato

Pescado*
Salmón*
Camarón
Langosta*
Pulpo*
Yogurt*
Jocoque*
Requesón*
Panela*

Mozzarella*
Oaxaca*
Mascarpone*

Proteína vegetal

Frijol
Garbanzo

Lenteja
Edamame
Habas
Alubias
Tofu*
Soya*

Grasa

Aceite de oliva
Aceite de aguacate
Ghee*
Crema de cacahuate*

Crema de almendra*
Ajonjolí*
Aguacate
Coco rallado
Chía

Linaza
Semillas de Hemp
Semilla de girasol
Pistache

Semilla de calabaza
Avellana
Nuez
Nuez de la India

Cereales

Cereal de avena
Cereal de arroz
Avena
Arroz
Camote

Papa
Pan
Pasta
Maíz
Quinoa

Amaranto
Tapioca
Cuscús
Granos ancestrales

Cebada
Mijo
Espelta
Germen de trigo

Verduras

Calabaza
Zanahoria
Brócoli
Jícama
Espárrago
Espinaca
Champiñón
Tomate

Cebolla
Chayote
Betabel
Berenjena
Repollo
Pepino
Tomatillo
Kale

Apio
Pimiento
Coliflor
Chícharo
Germinado de alfalfa
Tomatillo
Ajo

Portobello
Berenjena
Poro
Acelga
Arúgula
Cilantro

Frutas

Manzana
Fresa*
Kiwi*
Papaya
Melón
Plátano
Pera

Uva
Frutos rojos*
Mango
Toronja
Durazno
Dátil
Granada

Mandarina
Naranja
Guayaba
Higo
Piña
Sandía
Tuna

Ciruela
Ciruela pasa
Nectarina
Limón
Plátano macho
Mamey
Zapote

*Alimentos alergénicos

Recomendaciones

No olvides lavar y desinfectar bien los alimentos antes de ofrecerlos o cocinarlos. Deja remojar las leguminosas una noche antes (o un mínimo de ocho horas) y ponlas a cocer en agua nueva. Esto se debe a que tienen un recubrimiento llamado ácido fítico que impide la absorción correcta de nutrientes y vuelve más difícil su digestión.

Alimentos alergénicos

Los alimentos alergénicos nos suelen plantear dudas a los papás. Es necesario saber cómo, cuándo y por qué introducirlos antes del año. La introducción de alimentos potencialmente alergénicos no debe retrasarse. La Asociación Americana de Pediatría (APP) indica que no hay evidencia que demuestre que retardar la introducción de alimentos alergénicos proteja a los niños de la aparición de este tipo de afecciones, sino que, por el contrario, esto aumentaría el riesgo de desarrollar alergias a los alimentos. Se recomienda iniciar la introducción de estos alimentos desde los seis meses de edad, y que preferiblemente hayan probado todos antes del año.

Estos alimentos se prueban siempre utilizando la «Regla de los tres días». Los principales alimentos alergénicos son los siguientes: huevo, cacahuate, soya, trigo, nueces, pescados, mariscos (como camarón o langosta), cítricos, fresas y lácteos. Se recomienda exponer a los bebés a estos alimentos al inicio del día para observar si existe alguna reacción alérgica.

Se considera alergia cuando presenta dos o más reacciones, ya sean gastrointestinales, dermatológicas o respiratorias. Por ejemplo, ronchas en la piel más diarrea; vómito más tos; piel roja más estornudos, etc.

En el caso de que esto sucediera, suspende el alimento y reporta el caso al pediatra de tu bebé.

Regla de los tres días

Consiste en introducir un alimento nuevo durante tres días seguidos en todos los tiempos de comida correspondientes a su edad, sin agregar ningún otro. Sólo se podrá acompañar con alimentos que tu bebé haya probado anteriormente, y con los cuales no haya presentado ningún tipo de reacción alérgica.

Beneficios de utilizar esta regla de introducción de nuevos alimentos

1. Mejora la aceptación de alimentos porque hay mayor exposición a ellos.
2. Ayuda a la detección de alergias de manera oportuna y fácil.

Los alimentos alergénicos **siempre** deben darse respetando esta regla. Si tu bebé rechaza un alimento no alergénico, intenta ofrecerlo durante tres días para mejorar su aceptación.

Alimentos no recomendados durante la AC

- Azúcar, jugos y bebidas azucaradas (antes de los dos años).
- Piloncillo, almíbares, miel de abeja, miel de maíz, miel de maple.
- Sal (se puede ofrecer en pequeñas cantidades después del año).
- Espinacas, acelgas, betabel (se deberá cuidar la porción por su alto contenido de nitratos).
- Proteína animal cruda, mal cocida o curtida en limón.
- Algas.
- Bebidas de arroz (por su alto contenido de arsénico).

- Infusiones o tés.
- Alimentos que impliquen riesgo de atragantamiento.
- Pescados altos en mercurio (como el atún).

Importancia de la hidratación

Debes hidratar a tu bebé antes del año sólo con agua natural, leche materna y/o fórmula. Al inicio de la alimentación complementaria (a los seis meses de edad) deberás empezar a ofrecerle agua a tu bebé después de cada tiempo principal de comida; y a partir de los nueve meses a lo largo del día, siempre y cuando no sustituya una comida o haga que tu bebé se llene y ya no quiera comer sólidos.

Cantidad de agua según la edad

6-8 MESES	5-6 oz/día
9-11 MESES	8-10 oz/día
12-16 MESES	16-19 oz/día

Estar bien hidratado ayudará a tu bebé a prevenir el estreñimiento y a que su cuerpo funcione correctamente.

No te recomendamos ofrecerle jugos, ni naturales ni procesados, y tampoco tés. Algunas infusiones pueden ser tóxicas para tu bebé, como el anís de estrella. Además, no existen estudios que demuestren que darles té de manzanilla, de hierbabuena o de limón, tenga efectos benéficos para su salud.

Los jugos procesados tienen cantidades excesivas de azúcar añadido, lo que puede predisponer a tu bebé a tener sobrepeso u obesidad en el futuro. Además, muchos estudios han demostrado que la introducción de bebidas azucaradas a temprana edad puede tener efectos adictivos a los sabores dulces.

El vaso ideal para tomar agua siempre será un vaso abierto o con popote.

Consejos para que tu bebé coma mejor

Hemos seleccionado veinte consejos que nos han funcionado. Estamos seguras de que les servirán de ayuda para que sus bebés quieran y disfruten de comer.

- Como papá eliges dónde y qué comerá tu bebé, mientras que él elegirá cuánto. De esta manera le estarás dando autonomía, al tiempo que aprenderás a respetar sus señales de hambre-saciedad.

- Si un alimento le desagrada, intenta comerlo constantemente frente a él, ya que los niños son imitadores por excelencia.

- Siempre acompaña a tu bebé a comer e intenta que sea en un ambiente placentero.

- Exponlo al alimento que no le gustó de ocho a quince veces por lo menos. A mayor exposición, mayor aceptación.

- No presiones, restrinjas ni fuerces a tu bebé a comer. Habrá días buenos, pero también días en los que no esté con el ánimo de hacerlo, y debes respetar su apetito.

- Evita tener distracciones como televisión, tablets o celulares.

- No lo felicites ni regañes por comer bien o no hacerlo.

- La duración del tiempo de comida dependerá al cien por ciento del interés que muestre tu bebé.

- Presenta los alimentos de diferentes maneras para que pueda sentir, oler y tocar las distintas texturas y presentaciones.

- No tengas miedo de dejar que coma solo; a veces creemos que es más seguro darles con la cuchara a pesar de que se nieguen. Te sorprenderás de cómo, a veces, ellos prefieren tener la iniciativa y hacer uso de cierta autonomía.

- Permítele ensuciarse, al igual que el área donde está comiendo. Sabemos que puede ser frustrante limpiarlo o cambiarlo mil veces, pero es la mejor manera que tiene de explorar y conocer los alimentos. ¡Es un mundo nuevo para ellos!

- Trata de que las comidas principales sean en su silla y no en su área de juegos o corriendo de un lado a otro contigo detrás con su plato. A lo mejor, podría dar la impresión de funcionar al principio, pero a largo plazo es contraproducente, pues no considerará importante la hora de comer, además de que es peligroso que se alimente de esa manera.

- Si le ofreces varios alimentos, deja que elija para comenzar a comer el que llame más su atención; eso hará que muestre mayor interés y ayudará a abrir su apetito.

- Respeta sus horarios de comida y trata de que no varíen mucho. Para los bebés es importante mantener una rutina; si llega con mucha hambre a su comida es probable que esté irritable y no quiera comer bien.

- Si algún alimento no es de tu agrado, de todos modos, ofrécelo a tu bebé; es probable que a él sí le guste.

- Involucra a tu bebé al momento de cocinar y preparar sus alimentos. De esta manera estarán más interesados y emocionados por consumirlos.

- Aprovecha esta etapa de alimentación complementaria para mejorar los hábitos familiares. De nada sirve que les ofrezcas lo mejor, si como familia se mantienen hábitos de alimentación que incluyan comida procesada, malos horarios y cero vegetales. Recuerda que la alimentación complementaria dura un tiempo corto. Los que perdurarán son los hábitos familiares, así que aprovecha y trabaja en ellos como familia. Son la mejor herencia que puedes dejarles.

- Trata de mantenerlo activo y de ponerle actividades acordes a su edad. Estimula en él actividades como gatear, caminar, correr, tummy time. Éstas ayudarán a que gaste energía y tenga más apetito.

- Procura que la cantidad y el tamaño de sus snacks sean pequeños y que no estén pique y pique a lo largo del día (para evitar la pérdida de apetito).

- Disfruten del momento en que se sientan a la mesa, siempre con la mejor actitud y una sonrisa en la cara, para que tus hijos/bebés lleguen a identificar el momento de compartir y disfrutar y no lo vean como algo frustrante, con castigos y regaños.

Tips básicos para elegir algunos alimentos comunes

Cereales

- **Avena:** hojuelas de avena como único ingrediente.

- **Cereal de avena:** fortificado con hierro. Asegúrate de que el único ingrediente que contenga sea avena (sin azúcar).

- **Pan:** opta por un pan de masa madre. En caso de no conseguirlo, puedes utilizar un pan de granos germinados, bajo en sodio.
Por último, el bolillo o telera pueden ser una buena alternativa.

- **Pan pita:** integral, bajo en sodio.

Frutas y verduras

- Las frutas y verduras catalogadas como los doce alimentos más contaminados por pesticidas (dirty dozen) son las siguientes: fresa, espinaca, kale, nectarina, manzana, uvas, durazno, cereza, pera, tomate, apio; por lo que te recomendamos comprarlas «orgánicas».

- Puedes utilizar congeladas, siempre leyendo los ingredientes; no deben contener sal o azúcar añadida.

Proteína animal

Si es posible, procura que sean orgánicas para evitar el exceso de hormonas y antibióticos.

- **Pollo:** ten preferencia por la pechuga, el muslo o la pierna sin piel (estos dos últimos tienen mayor contenido de grasa y son un poco más suaves).

- **Carne de res:** sirloin, cuete y filete son buenas opciones.

- **Pollo, carne o pavo molido:** si lo puedes moler en casa, mejor, para evitar infecciones y contaminación cruzada.

- **Pescados y mariscos:** ten preferencia por pescados como el salmón, el lenguado, la tilapia, el bacalao, el camarón y la langosta, ya que el contenido de mercurio es más bajo en ellos que en otros como el atún, el róbalo, el pez espada, el tiburón, etc. Mientras más grande es el pescado mayor es su concentración de mercurio. Procura siempre que sean salvajes y no de granja.

- **Queso:** que sean hechos con leche pasteurizada, de preferencia entera y bajos en sodio.

- **Yogurt:** únicos ingredientes: cultivos lácticos y leche entera pasteurizada. Puede venir fortificado con vitaminas. De preferencia orgánica, de vacas de libre pastoreo.

- **Leche de vaca:** entera y pasteurizada, de preferencia de vacas de libre pastoreo.

- **Bebidas vegetales (almendra, nuez de la India, etc.):** Siempre será mejor una bebida vegetal elaborada en casa que una comercial. Esta última contiene más agua y conservadores, a diferencia de la casera.

> **Nota:**
> - Las bebidas vegetales no sustituyen a la leche de vaca, menos a la lactancia o fórmula. Se puede usar para preparar los alimentos o como snack

Grasas

- **Crema de almendra, cacahuate, nuez, etc.:** como único ingrediente debe contener la nuez de la que está preparada, sin azúcar, sal o alguna otra grasa.

- **Coco rallado:** coco como único ingrediente y sin azúcar añadida.

- **Aceite de aguacate:** prensado en frío y en botella de vidrio oscuro (para evitar que se oxide con la luz).

- **Aceite de oliva:** extra virgen, prensado en frío y en botella de vidrio oscuro (para evitar que se oxide con la luz).

- **Ghee (mantequilla clarificada):** de preferencia orgánica y de vacas de libre pastoreo.

- **Aceite de coco:** extra virgen y sin refinar (ya que al momento de refinarlo se eliminan sus propiedades).

Métodos de alimentación

Papillas

Las papillas forman parte del método tradicional de la alimentación complementaria. A muchas familias les da tranquilidad ofrecer los alimentos de esta manera debido a que existen muchos mitos en torno a los riesgos de los alimentos en trozos.

Este método es una buena opción siempre y cuando se sigan ciertas pautas que compartiremos contigo a continuación:

- Debe haber una **progresión de texturas** en los alimentos. Es decir, se puede empezar ofreciendo papilla líquida o blanda, pero es importante ir avanzando a una textura de machacado, posteriormente a picado fino y, por último, a picado grueso.

- A los **ocho meses**, los bebés deben ser capaces de tomar con sus manos y comer alimentos picados finamente.

- A los **nueve meses,** el bebé debe poder agarrar sus alimentos fácilmente con los dedos, ya que alrededor de esta edad desarrollan la habilidad de «pinza fina».

- Existe una **«ventana de oportunidad»** de hacer esta progresión de texturas adecuadamente, y tenemos como máximo hasta los diez meses para avanzar en ella.

- A partir de los **doce meses** deben comer lo mismo que la familia, haciendo adaptaciones de cortes en aquellos alimentos que representen un riesgo de asfixia.

Es muy importante recalcar que, a pesar de que se decida iniciar con el método de papillas, siempre debe ofrecerse una gran variedad de alimentos, los cuales deberán presentarse por separado (sin hacer mezclas) con la textura adecuada. Cualquier alimento complementario debe ser:

- Rico en hierro y zinc: se encuentran mayormente en proteínas de origen animal o vegetal.
- Rico en energía: predominando el grupo de los cereales y grasas.
- Rico en vitaminas y minerales: se encuentran en las frutas y las verduras.

Su adecuada combinación será necesaria para el óptimo desarrollo de tu bebé. Insistimos en que no se debe retrasar la progresión de texturas, ya que, al hacerlo, puede haber problemas de aceptación de alimentos y retraso en la incorporación a la dieta familiar.

Para la preparación de las papillas te recomendamos poner los alimentos al vapor, cuidando de no sobrecocerlos para que no pierdan sus nutrientes. Puedes almacenarlas durante tres días en el refrigerador, en contenedores separados que no vengan del plato donde acaba de comer tu bebé y que no hayan tenido contacto con la saliva. También puedes congelarlas. La forma adecuada para calentar las papillas será a baño María.

En esta sección del recetario encontrarás algunas ideas ricas de papillas que podrás prepararle a tu bebé.

BLW y BLISS
Cortes y preparación de alimentos

Las verduras o frutas deben cocerse al vapor. Para saber si tienen la textura adecuada, deberás poder deshacer el alimento haciendo poca presión con la yema de tus dedos; si no lo consigues, estará muy dura para tu bebé.

Alimentos que se ofrecen en tiras/bastones

Cortar en bastones del tamaño de un dedo. Deben sobresalir de la mano de tu bebé y medir menos de dos centímetros de ancho.

- Papaya
- Piña
- Zanahoria
- Aguacate (dejar un poco de la piel)
- Plátano
- Kiwi

- Pera
- Ejotes
- Espárragos
- Coliflor
- Brócoli
- Chayote
- Apio
- Betabel

- Tomate
- Pimiento
- Mango
- Ciruela
- Durazno
- Fresa
- Guayaba
- Higo

- Melón
- Sandía
- Pan integral
- Tortilla de maíz
- Pasta
- Huevo
- Pescado

Ofrécelas cortadas en cuartos

Puedes ofrecerlas de esta manera después de los ocho meses. Si estás con BLW, dalas antes sólo machacadas.

- Zarzamora
- Fresa
- Frambuesa
- Uvas

Puedes ofrecer piezas completas

Las podrás ofrecer completas (BLW) después de los nueve meses de tu bebé. Antes de eso, sólo te recomendamos darlas machacadas (BLISS y papillas).

- Frijoles
- Lentejas
- Habas
- Alubias
- Garbanzos
- Edamame
- Elotes

Ofreciendo frutas o verduras redondas

Córtalas en cuatro partes, a lo largo, nunca horizontalmente. Darlas enteras podría provocar asfixia en tu bebé.

- Uva
- Mora
- Jitomate cherry

Convertir en bastones

De esta forma le será mucho más fácil tomarla con su mano. Inclúyelo en su alimentación a partir de los seis meses (en método BLW).

- Carne molida de res o cerdo
- Arroz
- Avena

Ofrecer ralladas

Por su dureza se pueden ofrecer ralladas

- Manzana
- Jícama
- Pera
- Pepino

Recetario
+9 meses

Cuando tu bebé ya ha probado una variedad más extensa de alimentos

Todas las ideas que te compartimos en este recetario son muy sencillas de preparar y no requieren de mucho tiempo. Te recomendamos leer previamente las recetas para planear con antelación y dejar cortado lo más que se pueda. También puedes elaborar menús semanales para saber qué comerá tu bebé y así asegurarte de estar ofreciendo una gran variedad de alimentos entre todos los tiempos de comida.

Un consejo que podemos darte, como nutriólogas y como mamás, es que utilices un día del fin de semana para cocer al vapor o hervir algunas verduras y alimentos (pollo, carne de res, etc.). Así como para cortar distintas frutas y ponerlas en el refrigerador, en recipientes de vidrio. De este modo te será más fácil armar los platillos de tu bebé.

Íconos en las recetas

Receta rápida de hacer (menos de 30 min)

Receta vegana o sin AOA (Alimento de origen animal).

Apto para lonchera.

Receta comodín.

Tips y notas para papás.

Tips y notas para niños.

+ 9 meses

Recetas comodín

Recetas comodín
+9 meses

Son recetas de preparaciones que utilizaremos frecuentemente durante este recetario.

Harina de avena

Ingredientes:
- 2 tazas de avena

Preparación:
1. Licúa la avena en un procesador de alimentos o licuadora. Pueden tardar varios minutos en quedar pulverizada.
2. Opcional: si quieres que la harina quede todavía más finita, pásala varias veces por un colador hasta lograr la consistencia deseada.
3. Almacena en un recipiente de vidrio con tapa.

Salsa casera de tomate

Ingredientes:
- 2 tomates (jitomates)
- ¼ de cebolla blanca
- 1 diente de ajo pequeño
- ⅔ taza de agua

Preparación:
1. Corta la cebolla y el ajo finamente.
2. Licúa el tomate con la cebolla, el ajo y el agua, hasta que estén bien incorporados.
3. Hierve a fuego bajo, por dos minutos, en una olla pequeña.
4. Almacena en un recipiente de vidrio con tapa.

> **Nota:**
> - Puedes utilizarla en muchas recetas; si agregas orégano o albahaca tendrás una salsa italiana perfecta para pastas o pizzas

Salsa verde casera

Ingredientes:

- 4 tomates verdes (tomatillos)
- 1 tomate (jitomate)
- ⅔ taza de agua
- ¼ de cebolla blanca
- 1 diente de ajo pequeño

Preparación:

1. Corta la cebolla y el ajo finamente.
2. Licúa los tomatillos, el tomate, la cebolla, el ajo y el agua, hasta que estén bien incorporados.
3. Hierve a fuego bajo, por dos minutos, en una olla pequeña.

Salsa para pizza

Ingredientes:

- 1 cartera chica de tomate cherry o tres tomates Roma
- ¼ de cebolla blanca
- 1 diente de ajo
- 1 cdta. de aceite de oliva
- Orégano fresco o seco
- Albahaca fresca o seca
- Sal de mar
- Pimienta

Preparación:

1. Parte en cuatro los tomates y la cebolla.
2. Agrega el aceite de oliva en un sartén y luego guisa el ajo, los tomates y la cebolla.
3. Licúa los ingredientes antes mencionados junto con las especias: orégano, albahaca, sal de mar y pimienta.

Huevo vegano

Ingredientes:

- Linaza
- Agua

Preparación:

1. Mezcla una cucharada de linaza molida en tres cucharadas de agua.
2. Espera hasta que la mezcla quede más espesa, como un huevo.

Pasta de dátil

Ingredientes:

- 10 dátiles sin hueso
- ½ taza de agua

Preparación:

1. Hierve los dátiles en una olla con agua por diez minutos; esto ayudará a que se hidraten y se suavicen. Después remueve el hueso, en caso de tenerlo.
2. Coloca los dátiles en el triturador de alimentos junto con cuatro cucharadas del agua donde hirvieron, hasta que obtengas la textura de una «pasta» moldeable. Si notas que está muy seca, puedes añadirle más cucharadas de agua.
3. Conserva en el refrigerador, en un recipiente de vidrio con tapa, hasta por cuatro días.

> Nota:
> - Ideal para usar en repostería como sustituto de la miel o el azúcar.

Crema de almendras

Ingredientes:

- 2 tazas de almendras

Preparación:

1. Precalienta el horno a 180 °F.
2. Coloca las almendras en una charola (de manera que queden bien esparcidas).
3. Hornea de 10 a 15 minutos.
4. Espera a que se enfríen.
5. Agrega las almendras al procesador de alimentos.
6. Haz pequeñas pausas para bajar la mezcla con la ayuda de una espátula (cada cinco minutos, aproximadamente).

> **Nota:**
> - Es un proceso lento, tarda en tomar una consistencia semilíquida. Puedes agregar un toque de canela para darle otro sabor.

Desayunos

+9 meses

Desayunos
+9 meses

Pensamos en opciones de desayunos que tu bebé disfrute y que hagan que toda la familia quiera un bocado de ellos. Por lo general, los desayunos pueden volverse un poco repetitivos; por ello, te presentamos alternativas llenas de color, texturas y, sobre todo, balance.

French toast rolls

Rinde: 1 french toast roll.

Ingredientes:

- 1 cdta. de canela
- 1 huevo
- 1 rebanada de pan integral
- ¼ taza de zanahoria
- ¼ taza de plátano
- Ghee o aceite de aguacate
- 1 cdta. de extracto de vainilla
- 1 cdta. de crema de almendras
- 6 zarzamoras

Preparación:

1. Bate el huevo en un tazón.
2. Ralla la zanahoria y agrégala al huevo junto con la canela.
3. Aplasta un poco la rebanada de pan con la ayuda de un rodillo o espátula para hacer el rollito.
4. Sumerge el pan, por ambos lados, en la mezcla del huevo.
5. Calienta un sartén y agrega un poco de ghee o aceite de aguacate.
6. Pon el pan en el sartén; voltea y espera a que se cocine por ambos lados.
7. Aplasta el pan un poco más, de ser necesario, cuando lo retires del sartén (para que sea más fácil formar los rollitos).
8. Agrega el plátano previamente machacado con un tenedor y coloca la cucharadita de vainilla en otro refractario.
9. Forma el rollito colocando primero la rebanada de pan, seguida por la cucharadita de crema de almendras (sólo en la mitad del pan) y, por último, esparce la mezcla de plátano machacado.
10. Empieza a enrollar el pan partiendo del extremo que tiene todos los ingredientes.
11. Sirve esta receta acompañada con zarzamoras.

Tips y notas importantes:

- Recomendamos utilizar pan de masa madre; en caso de no conseguirlo puedes usar un pan integral bajo en sodio.

Grupo de alimentos	
Proteína	Huevo
Grasa	Crema de almendras, ghee
Cereal	Pan integral
Verdura	Zanahoria
Fruta	Zarzamoras y plátano

Frijoles de la olla

Rinde: 1 bowl.

Ingredientes:

- ¼ taza de frijoles
- 1 tortilla de maíz
- ¼ taza de tomate
- ¼ taza de aguacate
- ¼ - ½ taza de naranja

Preparación:

1. Coloca los frijoles en grano previamente cocidos en un refractario y agrega tres cucharadas del caldo de su cocción.
2. Corta en cuadros el tomate y el aguacate y sirve sobre los frijoles.
3. Acompaña con una tortilla de maíz hecha rollito y cinco gajos de naranja.

Tips y notas importantes:

- Deja remojar los frijoles por doce horas antes de cocinarlos; enjuaga y ponlos a cocer en agua limpia, sin sal.
- Ten en tu refrigerador leguminosas (frijoles, lentejas, etc.) ya cocidas; te ahorrará tiempo y facilitará el trabajo.
- La vitamina C del tomate y la naranja ayudará a que se absorba mejor el hierro contenido en los frijoles.

Grupo de alimentos	
Proteína	Frijoles
Grasa	Tortilla de maíz
Cereal	Aguacate
Verdura	Tomate
Fruta	Naranja

Waffles de espinacas

Rinde: 3 waffles.

Ingredientes:

- 1 huevo
- 1 ½ plátano
- 1 taza de harina de avena (pág. 44)
- 1 taza de bebida vegetal de almendra
- ⅓ taza de espinaca
- 1 cda. de ghee o aceite de aguacate
- 1 cdta. de polvo para hornear
- Crema de almendras

Preparación:

1. Lava y desinfecta las espinacas; luego remueve el tallo, dejando únicamente las hojas.
2. Prepara la harina de avena.
3. Mezcla el huevo, la harina de avena, los plátanos, las espinacas, la bebida vegetal de almendra, el ghee y el polvo para hornear sin aluminio en una licuadora o procesador de alimentos, hasta obtener una consistencia homogénea y sin grumos.
4. Precalienta la wafflera y coloca la mezcla dentro hasta que el waffle quede bien cocido.
5. Decora con crema de almendras y fruta al gusto.

Tips y notas importantes:

- Si tu bebé es mayor a doce meses, puedes usar leche de vaca entera en lugar de leche de almendra.

Grupo de alimentos	
Proteína	Huevo
Grasa	Ghee o aceite de aguacate, bebida vegetal de almendra, crema de almendras
Cereal	Harina de avena
Verdura	Espinacas
Fruta	Plátano

Hot cakes de plátano y zanahoria

Rinde: 7 hot cakes chicos.

Ingredientes:

- 3 cdas. de cereal de avena
- ½ plátano
- 2 cdas. de zanahoria cocida
- 1 huevo
- ½ cdta. de ghee o aceite de aguacate
- 1 cdta. de chía

Preparación:

1. Mezcla el cereal de avena, el plátano, la zanahoria cocida, la chía y el huevo en la licuadora.
2. Agrega el ghee a un sartén y, con la ayuda de una cuchara, empieza a formar pequeños hot cakes.
3. Voltea cuando empiece a verse seco por arriba y espera tres minutos más, hasta que esté totalmente cocido por dentro.
4. Sirve y decora con un poco de crema de almendras.

Tips y notas importantes:

- Si no tienes chía en casa puedes omitirla de la preparación.
- Puedes usar harina de avena en vez del cereal de avena.

Grupo de alimentos	
Proteína	Huevo
Grasa	Ghee o aceite de aguacate, chía
Cereal	Cereal de avena
Verdura	Zanahoria
Fruta	Plátano

Hot cakes de betabel

Rinde: 7 hot cakes chicos.

Ingredientes:

- 3 cdas. de harina de avena (pág. 44)
- ½ plátano
- 1 betabel pequeño
- 1 huevo
- ¼ cdta. de vainilla
- ½ cdta. de canela en polvo
- 1 cda. de crema de nuez de la India
- ½ cdta. de ghee o aceite de aguacate

Preparación:

1. Pon el betabel a cocer al vapor hasta que puedas introducir un tenedor fácilmente en él.
2. Agrega a la licuadora el betabel ya cocido junto con un poco de agua para lograr una consistencia de puré.
3. Mezcla el plátano machacado, el huevo, la vainilla, la canela en polvo, la crema de nuez de la India y el puré de betabel en un plato hondo. Asegúrate de que todo quede incorporado.
4. Engrasa un sartén con una cantidad pequeña de ghee.
5. Forma pequeños hot cakes, del tamaño de una cuchara medidora. Puedes ayudarte con una cuchara para expandir la mezcla y que queden más delgaditos.
6. Mantén a fuego medio y voltea cuando la mezcla comience a formar pequeñas burbujas. Espera de ese lado de 2 a 3 minutos más y retira.

Tips y notas importantes:

- Los nitratos se encuentran especialmente en las hortalizas de hoja verde como las espinacas y las acelgas, así como en el betabel. Como máximo, ofrece estos alimentos dos veces por semana.
- Puedes sustituir la crema de nuez de la India por alguna otra que tengas en casa, como de almendras o cacahuate.

Grupo de alimentos	
■ Proteína	Huevo
■ Grasa	Crema de nuez de la India, ghee o aceite de aguacate
■ Cereal	Harina de avena
■ Verdura	Betabel
■ Fruta	Plátano

Hot cakes veganos de avena espinaca y plátano

Rinde: 7 hot cakes chicos.

Ingredientes:

- 2 cdas. de cereal de avena o harina de avena (pág. 44)
- 1 cda. de amaranto
- ½ plátano
- Taza de espinaca
- 1 cda. de huevo vegano (pág. 46)
- ¼ cdta. de extracto de vainilla
- ½ cdta. de canela
- ½ cdta. de aceite de aguacate

Preparación:

1. Prepara el huevo vegano.
2. Lava y desinfecta las espinacas; posteriormente, remueve el tallo dejando sólo las hojas.
3. Agrega la harina de avena, el plátano, las espinacas, la mezcla de la linaza, la vainilla y la canela a la licuadora.
4. Engrasa un sartén con un poquito de ghee o aceite de aguacate.
5. Forma pequeños hot cakes del tamaño de una cuchara medidora. Puedes ayudarte con una cuchara para expandir la mezcla y que queden más delgaditos.
6. Mantén a fuego medio y voltea cuando la mezcla comience a formar pequeñas burbujas. Espera de ese lado de 2 a 3 minutos más y retira.

Tips y notas importantes:

- No es necesario incluir proteína animal en cada comida, siempre y cuando tu bebé cumpla con su requerimiento diario. Podrías complementar incluyéndola en la siguiente comida.

Grupo de alimentos	
Grasa	Aceite de aguacate, linaza
Cereal	Avena, amaranto
Verdura	Espinaca
Fruta	Plátano

Hot cakes de almendras

Rinde: 7 hot cakes chicos.

Ingredientes:

- ½ taza de harina de avena (pág. 44)
- ¼ taza de harina de almendras
- ½ taza de bebida vegetal de almendras
- ⅓ de zanahoria
- ½ cdta. de ghee o aceite de aguacate
- ½ plátano
- 1 cda. de crema de almendras
- 2 huevos

Preparación:

1. Coloca la harina de avena, la harina de almendras, la zanahoria rallada, el plátano, la bebida vegetal de almendras, la crema de almendras y los huevos en el procesador de alimentos o licuadora. Procesa hasta que sea una mezcla homogénea.
2. Precalienta un sartén y agrega un poco de ghee para que la mezcla no se pegue.
3. Vierte la mezcla en el sartén haciendo la forma del hot cake. Si sientes que quedó muy grueso, esparce en forma circular con la ayuda de una cuchara para hacerlo más delgado.
4. Dale vuelta al hot cake cuando observes unas pequeñas burbujas o empiece a verse más seco.
5. Asegúrate de que quede bien cocido por dentro.

> **Tips y notas importantes:**
> - Estos hot cackes son una excelente opción para viajes en carretera y avión

Grupo de alimentos	
■ Proteína	Huevo
■ Grasa	Harina de almendras, crema de almendras, ghee o aceite de aguacate
■ Cereal	Harina de avena
■ Verdura	Zanahoria
■ Fruta	Plátano

Yogurt vegano a base de tofu

Rinde: 3 a 4 bowls.

Ingredientes:

- 2 plátanos
- 1 taza de tofu
- ¼ taza de bebida vegetal de almendras
- 1 cdta. de vainilla
- 2 cdas. de amaranto
- ½ zanahoria rallada
- 1 cdta. de coco rallado

Preparación:

1. Pela los plátanos y córtalos en rebanadas. Luego, guárdalos dentro del congelador en un recipiente de vidrio con tapa, por cuatro horas, mínimo.
2. Corta el tofu en cuadritos, de preferencia un tofu firme o extrafirme.
3. Agrega los plátanos, el tofu, la bebida vegetal de almendras y la vainilla en un procesador de alimentos o licuadora y mezcla hasta que todo quede bien incorporado.
4. Acompaña esta receta con una mezcla de zanahoria rallada, amaranto inflado y coco rallado sin azúcar.

Tips y notas importantes:

- Si deseas hacer el yogurt de frutos rojos, puedes utilizar sólo plátano y agregar ½ taza de frutos rojos congelados (moras, zarzamoras, frambuesas y/o fresas).

Grupo de alimentos	
■ Proteína	Tofu
■ Grasa	Bebida vegetal de almendra, coco
■ Cereal	Amaranto
■ Verdura	Zanahoria
■ Fruta	Plátano

Pink yogurt

Rinde: 1 bowl.

Ingredientes:

- ½ taza de yogurt natural
- 1 betabel pequeño
- ¼ de plátano
- 1 cdta. de semillas de chía
- 1 cda. de amaranto
- 1 cdta. de semillas de hemp
- ½ taza de fresas

Preparación:

1. En una olla con agua, pon a hervir el betabel partido en dos. Estará listo cuando puedas introducir el tenedor fácilmente.
2. Coloca el betabel en el procesador de alimentos o licuadora hasta que adquiera la consistencia de un puré. Puedes ir añadiendo cucharadas de agua para lograrlo.
3. Mezcla el yogurt natural sin azúcar y el plátano con una cucharada del puré de betabel.
4. Sirve en un plato hondo y ve agregando el amaranto, las semillas de hemp y las semillas de chía en filas, como se muestra en la imagen.
5. Desinfecta y corta las fresas por la mitad y agrégalas sobre el yogurt.

Tips y notas importantes:

- La chía, el amaranto y las semillas de hemp también son fuentes de proteína vegetal.
- Puedes guardar en el refrigerador el sobrante del puré de betabel por un máximo de tres días.

Grupo de alimentos	
Proteína	Yogurt
Grasa	Chía, hemp
Cereal	Amaranto
Verdura	Betabel
Fruta	Fresa

Banana sushi

Rinde: 5 a 6 crepas.

Ingredientes:

- 1 taza de avena
- 1 cucharada de linaza
- 2 ½ tazas de agua
- ¼ cdta, de vainilla
- ½ cdta, de canela
- 1 plátano
- 1 hoja de espinaca
- 2 cdtas. de crema de almendras
- ½ cdta. de aceite de aguacate

Preparación:

1. Agrega la avena, la canela, la linaza molida, el agua y la vainilla a la licuadora o procesador de alimentos.
2. Precalienta un sartén pequeño a fuego medio y agrega el aceite de aguacate.
3. Agrega ¼ de taza de la mezcla y distribuye bien por todo el sartén (moviendo de un lado a otro).
4. Cocina por 2-3 minutos o hasta que veas que las orillas comienzan a levantarse.
5. Con la ayuda de una espátula, voltea la crepa con cuidado y cocina por 2-3 minutos más.
6. Repite el procedimiento con la mezcla restante.
7. Coloca una de tus crepas en una superficie plana y unta la crema de almendras.
8. Posteriormente, agrega la hoja de espinaca (sólo en la mitad de tu crepa, sin que sobresalga de ésta).
9. Coloca el plátano en el extremo de la crepa, donde está la hoja de espinaca, y empieza a enrollar.
10. Corta en trozos de 1 cm de grueso, aproximadamente, simulando la forma de un sushi.

Tips y notas importantes:

- Agrega más agua si necesitas que la mezcla de tus crepas quede más líquida.
- Congela las que no utilices y tenlas listas para emergencias.
- Incluye verdura al vapor en bastones para un desayuno más completo.

Grupo de alimentos	
Grasa	Aceite de aguacate, crema de almendras, linaza
Cereal	Avena
Verdura	Espinaca
Fruta	Plátano

Guisado de papa con verdura

Rinde: 1 bowl.

Ingredientes:

- ½ papa
- ¼ taza de agua purificada
- ¼ taza de salsa de tomate casera (pág. 44)
- 1 champiñón
- 1 cdta. de aceite de aguacate
- ¼ taza de frijoles
- 1 rebanada de piña

Preparación:

1. Deja remojar los frijoles en agua purificada por doce horas; desecha esa agua y ponlos a cocer en agua limpia, sin sal.
2. Pela la papa y ponla a hervir en agua hasta que puedas introducir un tenedor fácilmente en ella.
3. Corta la cebolla en cuadritos; necesitarás aproximadamente una cucharada.
4. Calienta un sartén, agrega el aceite de aguacate y luego vierte la salsa de tomate casera.
5. Corta el champiñón en cuadritos y agrégalo a la salsa. Deja calentar dos minutos, mezclando ocasionalmente.
6. Corta la papa en cuadritos y agrégala a la salsa con champiñón; calienta un minuto más y retira del fuego.
7. Acompaña esta receta con frijoles cocidos en grano y trocitos de piña.

Tips y notas importantes:

- Si tu bebé come con cuchara, tenedor, o sabe hacer pinza con sus manos, puedes cortar todo muy finamente, como se explica en la forma de preparación.
- Si tu bebé tiene menos de nueve meses, puedes cortar las papas en tiras largas para que le sea más fácil tomarlas con sus manos.

Grupo de alimentos	
■ Proteína	Frijol
■ Grasa	Aceite de aguacate
■ Cereal	Papa
■ Verdura	Champiñón
■ Fruta	Piña

Tortilla española

Rinde: 1 tortilla.

Ingredientes:

- 1 huevo
- ½ papa
- ⅓ taza de espinaca
- 1 cdta. de cebolla blanca
- ½ plátano
- 2 cdtas. de crema de almendras

Preparación:

1. Pela la papa cruda y ralla con la ayuda de un rallador de quesos.
2. Bate el huevo en un plato hondo; agrega la papa rallada, la espinaca y la cebolla picada finamente.
3. Vierte la mezcla en un sartén muy pequeño para que no quede tan extendida. Cocina la mezcla unos diez minutos a fuego medio, tapa y voltea para que quede cocido por ambos lados.
4. Sirve esta receta acompañada con plátano y crema de almendras.

Tips y notas importantes:

- Hay varias formas de hacerlo. Si no tienes un sartén chico, puedes hacerlo con un molde de silicona para huevo o meterlo al horno en un refractario.

Grupo de alimentos	
Proteína	Huevo
Grasa	Crema de almendras
Cereal	Papa
Verdura	Espinaca y cebolla
Fruta	Plátano

Minieggs cups

Rinde: 7 a 8 minieggs.

Ingredientes:

- 2 huevos
- ¼ de tomate
- 1 cdta. de cebolla blanca
- ⅓ taza de espinaca *baby*
- 1 ramita de cilantro
- 1 cdta. de ghee o aceite de aguacate
- 1 tortilla de maíz
- ¼ de aguacate
- 1 rebanada de melón

Preparación:

1. Precalienta el horno a 180 °C.
2. Pica en cuadros pequeños el tomate, la cebolla, la espinaca y el cilantro.
3. Bate el huevo en un plato hondo; agrega las verduras picadas y mezcla.
4. Engrasa un molde de *cupcakes* mini con un poco de aceite de aguacate.
5. Agrega una cucharada de la mezcla en cada uno, cuidando de que la misma no pase de la mitad, ya que se inflará y puede desbordarse.
6. Hornea por 12 minutos a 180 °C.
7. Acompaña esta receta con un rollito de tortilla de maíz con aguacate machacado y pedacitos de melón en bastones.

Tips y notas importantes:

- Puedes guardar el resto en el refrigerador y ofrecerlo después.
- Esta receta es ideal para viajes, picnic o días muy ocupados.

Grupo de alimentos	
■ Proteína	Huevo
■ Grasa	Aguacate, ghee o aceite de aguacate
■ Cereal	Tortilla de maíz
■ Verdura	Tomate, cebolla, espinaca y cilantro
■ Fruta	Melón

Desayunos

Rollitos de huevo con aguacate

Rinde: 2 rollitos.

Ingredientes:

- 1 huevo
- ¼ de aguacate chico
- ½ cdta. de ghee o aceite de aguacate
- ¼ de papa chica
- ⅓ taza de salsa de tomate casera (pág. 44)
- Fruta

Preparación:

Rollitos de huevo

1. Bate el huevo con un globo o tenedor hasta que quede una mezcla uniforme.
2. Cocínalo en un sartén antiadherente con un poco de ghee o aceite de aguacate, formando una especie de tortilla. Voltea para que quede cocido por ambos lados.
3. Expande el aguacate machacado y haz un rollito con la tortilla de huevo. Asegúrate de que quede muy bien apretadito.
4. Corta con un cuchillo en rebanadas de aproximadamente 1 cm de grueso.

Papas con salsa

1. Cuece la papa hasta que puedas introducir el tenedor fácilmente.
2. Retira la cáscara, parte en cuadritos y mezcla con la salsa de tomate casera.

Tips y notas importantes:

- Es una excelente manera de presentar el huevo; se ve muy bonito y es sencillo de tomar con las manos.

Grupo de alimentos	
Proteína	Huevo
Grasa	Aguacate, ghee o aceite de aguacate
Cereal	Papa
Verdura	Salsa de tomate casera
Fruta	Zarzamoras

Arepa de pollo con guacamole

Rinde: 10 arepas.

Ingredientes:

- 1 taza de harina de maíz o harina P.A.N.
- 1 ¼ taza de agua purificada
- ⅓ de zanahoria
- 20 gr. de pechuga de pollo
- 1 cdta. de cebolla blanca o morada
- ⅓ taza de espinaca
- 1 cda. de cilantro
- ¼ de aguacate
- Gotitas de limón
- ⅓ taza de moras azules

Preparación:

Arepas

1. Agrega la taza de harina P.A.N. en un refractario (si no consigues, puedes usar de maíz blanco). Añade el agua, poco a poco, mientras mezclas con las manos. Ahí mismo agrega la zanahoria rallada finamente. Luego deja reposar por 10 minutos.
2. Con la masa obtenida anteriormente, forma de dos a tres bolitas de 28-30 gr. aproximadamente (puedes congelar el resto de la masa). Presiona con las manos cada bolita para hacer la forma de la arepa como se muestra en la imagen.
3. Coloca tus tortitas ya listas en una plancha caliente unos dos minutos de cada lado, aproximadamente. Espera a que se enfríen para abrirlas por la mitad, dejando el extremo inferior cerrado para agregar el relleno.

Relleno

1. En un sartén con un poquito de aceite de aguacate agrega cebolla blanca, cebolla morada, cilantro y espinaca, picaditos.
2. Agrega la pechuga de pollo (previamente cocida y desmenuzada) y mezcla bien hasta que se haya incorporado.

Tips y notas importantes:

- Puedes guardarlas en un recipiente de vidrio con tapa o en bolsas de silicón (para congelar), y tener listas para cuando necesites.
- Puedes variar el relleno (frijoles, verduras, carne, etc.).
- Si tu bebé tiene más de nueve meses, también puedes hacerlas de queso.

Grupo de alimentos	
Proteína	Pollo
Grasa	Aguacate, ghee o aceite de aguacate
Cereal	Harina de maíz, harina P.A.N.
Verdura	Cebolla blanca y morada, espinaca, zanahoria
Fruta	Moras azules

comidas

+ 9 meses

Comidas
+9 meses

Comidas que te harán brincar de emoción. Te recomendamos permitir que tu bebé te observe durante el momento de la preparación; que vea los alimentos y los huela. Es una oportunidad para mostrarle los colores, sabores y olores de la comida. Su participación en la elaboración de los alimentos les dará confianza y, por lo tanto, los hará aceptar mejor los platillos.

Empanaditas de plátano macho

Rinde: 2 empanaditas.

Ingredientes:
- 1 plátano macho
- 3 cdas. de frijol
- ¼ taza de pimiento rojo
- 1 cda. de harina de avena (pág. 44)
- ½ cdta. de aceite de aguacate
- ¼ de aguacate

Preparación:
1. Pon a cocer el frijol en agua purificada, sin sal. Una vez cocido, licúa y cuela la mezcla.
2. Cuece el plátano macho y el pimiento rojo al vapor.
3. Machaca con un tenedor el plátano macho cocido hasta formar una masa.
4. Agrega la harina de avena a la masa del plátano macho y mezcla.
5. En otro plato machaca el aguacate con la ayuda de un tenedor y corta el pimiento rojo finamente.
6. Rellena las empanadas con el aguacate y el pimiento rojo.
7. Cocina en un sartén con ½ cdta. de aceite de aguacate.
8. Coloca un poco de la mezcla del frijol sobre las empanaditas.
9. Corta la manzana hervida y los gajos de toronja y colócalos en los compartimentos del platito de tu bebé.

Tips y notas importantes:
- Puedes quitarle la cáscara al pimiento rojo una vez hervido para que a tu bebé le sea más fácil comerlo dentro de la empanadita.

Grupo de alimentos	
Proteína	Frijol
Grasa	Aguacate, aceite de aguacate
Cereal	Harina de avena
Verdura	Pimiento rojo
Fruta	Plátano macho

Nuggets de pollo

Rinde: 4 nuggets.

Ingredientes:

- 60 gr. de pechuga de pollo
- ¼ de calabacita
- 2 cdas. de harina de avena (pág. 44)
- 1 cdta. de ghee o aceite de aguacate
- ½ cdta. de ajo en polvo
- ¼ cdta. de ajonjolí
- Zanahoria
- Brócoli
- Coliflor
- Uvas

Preparación:

1. Ralla la calabacita sin cocer por el lado más fino del rallador.
2. Agrega el pollo molido sin cocer y la calabacita rallada en un plato hondo. Mezcla bien hasta incorporar todos los ingredientes.
3. Forma tortitas con la mezcla.
4. En otro plato hondo agrega la harina de avena, el ajo en polvo y el ajonjolí.
5. Empaniza las tortitas.
6. Cocina en un sartén con ghee o aceite de aguacate.
7. Acompaña con verduras al vapor (zanahoria en bastones, brócoli y coliflor en floretes) y uvas.

Tips y notas importantes:

- Si tienes un rociador de aceite, puedes agregar el aceite de aguacate en él y rociar los *nuggets* de pollo antes de pasarlos al sartén; ten cuidado con las cantidades, ya que no deja de ser grasa.
- Igualmente, puedes hacerlos en la freidora de aire o en el horno.

Grupo de alimentos	
■ Proteína	Pollo
■ Grasa	Aceite de aguacate, ajonjolí
■ Cereal	Harina de avena
■ Verdura	Brócoli, calabacita, zanahoria y coliflor
■ Fruta	Uvas

Pasta de crema de brócoli con albóndigas de pollo

Rinde: 1 bowl.

Ingredientes:

- 2 floretes de brócoli
- ¼ de aguacate chico
- ⅓ taza de pasta
- 30 gr. de muslo o pechuga de pollo
- ¼ de toronja
- ¼ cdta. de ajo en polvo
- 2 cdas. de agua

Preparación:

1. Precalienta el horno a 180 °C.
2. Cuece los floretes de brócoli al vapor.
3. Para la crema, coloca en el procesador el brócoli cocido con un trozo de aguacate hasta que esté totalmente incorporado; si sientes la mezcla muy espesa, puedes añadir las cucharadas de agua.
4. Pon a cocer la pasta en agua y deja hervir por 8 minutos hasta que esté suave.
5. Tira el agua cuando la pasta esté lista y mezcla con la crema de brócoli hasta que se incorpore perfectamente.
6. Coloca el pollo crudo y el ajo en polvo en el procesador de alimentos o licuadora hasta que quede molido y puedas formar unas bolitas con él.
7. Hornea las bolitas durante 7 minutos a 180 °C.
8. Coloca las bolitas ya cocidas sobre la pasta y acompaña la receta con un poco de toronja.

Tips y notas importantes:

- Para tu bebé será más sencillo tomar las bolitas de pollo con las manos.
- Si tu bebé come con cuchara, puedes darle el pollo molido sobre la pasta.
- También puedes hacer bolitas de pollo en la freidora de aire.

Grupo de alimentos	
■ Proteína	Pollo
■ Grasa	Aguacate
■ Cereal	Pasta
■ Verdura	Brócoli
■ Fruta	Toronja

Pasta con lentejas y salsa de tomate

Rinde: 1 platillo.

Ingredientes:

- ¼ taza de pasta
- ¼ taza de lentejas
- ⅓ taza de salsa de tomate casera (pág. 44)
- ½ - 1 cdta. de aceite de oliva
- 4 fresas
- ¼ de aguacate

Preparación:

1. Deja remojando las lentejas durante toda la noche.
2. Cuece las lentejas con agua nueva hasta que estén suaves.
3. Pon a cocer la pasta sólo con agua.
4. Prepara la salsa de tomate.
5. Para servir el plato, primero coloca la pasta, luego las lentejas y, por último, la salsa de tomate encima.
6. Para acompañar esta receta sirve con fresas y aguacate en cuadritos.

Tips y notas importantes:

- Si quieres hacer la salsa de tomate más líquida, agrega más agua a tu gusto.

Grupo de alimentos	
Proteína	Lentejas
Grasa	Aceite de oliva, aguacate
Cereal	Pasta
Verdura	Tomate
Fruta	Fresas

Pasta a la boloñesa

Rinde: 1 bowl.

Ingredientes:

- ½ taza de pasta estilo Fusilli
- 20 gr. de carne de res molida
- Salsa de tomate (pág. 44)
- 1 cdta. de aceite de oliva
- ¾ taza de pera
- 1 cda. de piñones

Preparación:

1. Hierve la pasta en un litro y medio de agua con aceite de oliva, sin sal.
2. Prepara la salsa de tomate.
3. Forma unas bolitas con la carne molida usando tus manos.
4. En un sartén, con un poco de aceite de aguacate, cocínalas por cinco minutos, hasta que estén cocidas por dentro.
5. Tuesta los piñones en el sartén por cinco minutos para que suelten su aceite natural. Luego agrega la pasta, la salsa de tomate y mezcla bien.
6. Acompaña esta receta con pera.

Tips y notas importantes:

- Si no tienes ese tipo de pasta puedes usar cualquier otra.

Grupo de alimentos	
■ Proteína	Carne de res
■ Grasa	Piñones y aceite de oliva
■ Cereal	Pasta
■ Verdura	Tomate
■ Fruta	Pera

Ceviche de frijol

Rinde: 1 bowl.

Ingredientes:

- ¼ taza de frijol
- 2 cdas. de pepino
- 2 cdas. de tomate
- 1 limón
- ¼ de aguacate
- ½ cdta. de aceite de oliva
- ¼ de cebolla
- ¼ taza de quinoa o arroz
- 1 naranja

Preparación:

1. Deja remojar los frijoles doce horas antes. Desecha el agua y ponlos a hervir en agua limpia. Agrega un trozo de cebolla mientras hierven para dar más sabor.
2. Corta el pepino, el tomate y el aguacate en cuadritos.
3. Mezcla los frijoles (sin caldo) con los ingredientes antes mencionados y condimenta con unas gotas de limón y aceite de oliva extra virgen (extraído en frío). Deja reposar unos minutos para que se mezclen los sabores.
4. Acompaña esta receta con quinoa cocida y gajos de naranja.

Tips y notas importantes:

- Procura elegir una fruta rica en vitamina C para que ayude a que el hierro de los frijoles se absorba mejor.

Grupo de alimentos	
■ Proteína	Frijol
■ Grasa	Aguacate y aceite de oliva
■ Cereal	Quinoa o arroz
■ Verdura	Pepino, tomate, cebolla
■ Fruta	Naranja

Hamburguesitas con carne de res

Rinde: 3 hamburguesitas.

Ingredientes:

- 30 gr. de carne de res
- ¼ taza de calabacita
- ½ cdta. de ghee o aceite de aguacate
- ¼ de aguacate
- Melón
- ¼ de papa

Preparación:

1. Pon a cocer la carne de res, la calabacita y la papa en sartenes u ollas diferentes o al vapor.
2. Muele la papa, agrega un poquito de agua, la calabacita y, por último, la carne de res molida.
3. Empieza a formar tortitas y llévalas a la sartén.
4. Machaca el aguacate para que quede como «guacamole».
5. Corta el melón en bastoncitos.

Tips y notas importantes:

- Revisa que el melón esté lo suficientemente maduro para que tu bebé pueda comerlo sin problemas, aunque no tenga dientes.

Grupo de alimentos	
■ Proteína	Carne de res
■ Grasa	Aceite de aguacate y aguacate
■ Cereal	Papa
■ Verdura	Calabacita
■ Fruta	Melón

Taco de pescado en salsa de aguacate

Rinde: 2 tacos pequeños.

Ingredientes:

- 30 gr. de filete de pescado
- 1 tortilla de maíz
- ¼ de aguacate
- 1 cdta. de salsa verde (pág. 45)
- 1 rebanada de tomate
- Mandarina

Preparación:

Salsa

1. Machaca el aguacate y mezcla con una cucharadita de salsa verde.

Relleno

1. Asa el pescado blanco salvaje en un sartén antiadherente. Agrega un poco de agua y tápalo hasta que esté bien cocido.
2. Desbarata con un tenedor, verificando que no haya espinas.
3. Calienta la tortilla de maíz y rellénala con el pescado.
4. Baña con la salsa de aguacate.

> **Tips y notas importantes:**
> - Revisa muy bien que el pescado no tenga espinas antes de armar el taco.

Grupo de alimentos	
■ Proteína	Pescado
■ Grasa	Aguacate
■ Cereal	Tortilla de maíz
■ Verdura	Tomate y tomatillo
■ Fruta	Mandarina

Entomatada de pollo

Rinde: 2 entomatadas pequeñas.

Ingredientes:

- 1 tortilla de maíz
- ¼ taza de salsa de tomate casera (pág. 44)
- ½ mango
- ¼ de aguacate
- 20 gr. de pechuga de pollo o muslo

Preparación:

1. Prepara la salsa de tomate.
2. Hierve el pollo en agua purificada hasta que esté cocido; después, deshébralo con las manos o con la ayuda de un tenedor.
3. Calienta la tortilla de maíz, coloca el pollo sobre ella y enrolla formando un taquito.
4. Baña el taquito con la mezcla de salsa de tomate.
5. Decora con rebanadas de aguacate y acompaña esta receta con unos cuadritos de mango.

Tips y notas importantes:

- Si a tu bebé le sigue costando trabajo aceptar las texturas, puedes utilizar pollo molido. No olvides ir progresando en las texturas.

Grupo de alimentos	
Proteína	Pollo
Grasa	Aguacate
Cereal	Tortilla de maíz
Verdura	Tomate
Fruta	Mango

Sushi bites

Rinde: 5 sushi.

Ingredientes:

- ½ taza de arroz (medida en cocido)
- 20 gr. de camarón
- ¼ de pieza de aguacate
- 1 pizca de ajonjolí
- Pepino
- Zanahoria
- Fresas

Preparación:

1. Cuece el arroz en agua purificada (agrega el doble de agua de la cantidad de arroz que utilizaste).
2. Muele el camarón previamente cocido en agua en un procesador o licuadora hasta que quede convertido en un polvo finito.
3. Moja tus manos y mezcla el arroz con el camarón, formando bolitas.
4. Corta el aguacate en rebanadas muy delgadas y colócalas envolviendo las bolitas, sólo en la parte de arriba.
5. Agrega con tu dedo un poquito de ajonjolí sobre el aguacate y presiona para que se pegue bien.
6. Ralla el pepino y la zanahoria y úsalos como guarnición, al igual que la fruta.

Tips y notas importantes:

- El camarón debe quedar muy bien cocido para evitar infecciones alimentarias.
- El ajonjolí y el camarón son alimentos alergénicos, por lo cual debes aplicar con ellos la «Regla de los tres días», para cerciorarte de que tu bebé no tenga reacciones alérgicas.

Grupo de alimentos	
Proteína	Camarón
Grasa	Aguacate y ajonjolí
Cereal	Arroz
Verdura	Pepino y zanahoria
Fruta	Fresas

Tortitas de camote y lentejas

Rinde: 3 tortitas.

Ingredientes:

- ¼ taza de lentejas previamente cocidas
- ½ taza de camote cocido
- ¼ de tomate
- 2 fresas
- ¼ taza de espinaca
- 1 cda. de cilantro
- 1 rebanada de cebolla
- ¼ de aguacate

Preparación:

1. Hierve el camote hasta que puedas introducir un tenedor fácilmente en él.
2. Muele el camote hasta lograr la consistencia de puré; puedes hacerlo con un tenedor o con la ayuda de un procesador de alimentos.
3. Pica finamente la espinaca, el tomate, la cebolla y el cilantro.
4. En un plato hondo agrega el camote, las lentejas y las verduras picadas. Mezcla hasta que todo esté bien incorporado; en caso de que la mezcla quede muy aguada, puedes agregar una cucharada de harina de maíz marca P.A.N. (para arepas).
5. Forma las tortitas con las manos, así como se muestra en la imagen.
6. Pásalas a un sartén sólo para calentar. Este paso es opcional, ya que todo está cocido.
7. Acompaña esta receta con aguacate en cuadritos y fresas picadas.

Tips y notas importantes:

- La vitamina C de la fresa va a ayudar a que el hierro de las lentejas se absorba mejor.

Grupo de alimentos	
■ Proteína	Lenteja
■ Grasa	Aguacate
■ Cereal	Camote
■ Verdura	Espinaca, tomate, cebolla y cilantro
■ Fruta	Fresas

Tortitas de papa, frijol, linaza y zanahoria en salsa verde

Rinde: 3 tortitas.

Ingredientes:
- ½ papa
- ½ zanahoria
- 2 cdas. de frijoles
- ¼ taza de salsa verde casera (pág. 45)
- ½ cdta. de linaza
- ½ - 1 cdta. de aceite de aguacate
- Brócoli
- Guayaba

Preparación:
1. Pela y pon a hervir la papa y la zanahoria. Cuando logres insertar un tenedor en ellas, sabrás que están listas. Machácalas con un tenedor y mezcla hasta que estén bien incorporadas.
2. Agrega los frijoles (cocidos y molidos) y la linaza hasta formar una mezcla manipulable con las manos.
3. Haz las tortitas del tamaño de tu preferencia.
4. Calienta el sartén y añade un poco de aceite de aguacate; distribuye con una servilleta y coloca las tortitas.
5. Voltéalas tras un par de minutos para cocinarlas por ambos lados y que queden suavecitas.
6. Baña las tortitas con la salsa verde una vez que las hayas retirado del fuego.
7. Sirve esta receta con brócoli cocido al vapor y una guayaba.

Tips y notas importantes:
- La linaza es un alimento rico en omega 3. Procura utilizar linaza molida; si sólo la consigues entera, puedes molerla en la licuadora o el procesador.
- La guayaba se puede comer con cáscara y semillas desde los seis meses.
- Para bebés que batallan con texturas, la salsa verde puede ser una excelente manera de ablandar las tortitas y masticarlas fácilmente.

Grupo de alimentos	
Proteína	Frijoles
Grasa	Linaza, aceite de aguacate
Cereal	Papa
Verdura	Zanahoria, brócoli
Fruta	Guayaba

Yakimeshi de pollo

Rinde: 1 bowl.

Ingredientes:

- 30 gr. de muslo o pechuga de pollo
- ¼ taza de arroz
- 1 cdta. de ghee o aceite de aguacate
- ½ cdta. de ajonjolí
- ¼ pza. de calabacita
- ¼ pza. de zanahoria
- 1 cda. de cebolla
- ⅓ taza de piña

Preparación:

1. Calienta un sartén con el ghee o aceite de aguacate. Añade el pollo picado en cuadritos.
2. Retira del fuego una vez cocinado el pollo y coloca en un platito aparte.
3. Corta la zanahoria, la calabaza y la cebolla en cuadritos.
4. Añade el chorrito de aceite de aguacate restante a un sartén y agrega la zanahoria, la calabaza y la cebolla. Deja cocinar hasta que estén blanditas, pero que no se desbaraten.
5. Agrega al mismo sartén el arroz cocido y el pollo y mezcla muy bien con los otros ingredientes.
6. Una vez que hayas servido en un plato hondo, espolvorea ajonjolí.
7. Acompaña esta receta con un poco de piña.

Tips y notas importantes:

- Puedes hacer el doble de porción de esta receta y tener comida para dos días seguidos.

Grupo de alimentos	
■ Proteína	Pollo
■ Grasa	Ajonjolí, ghee o aceite de aguacate
■ Cereal	Arroz
■ Verdura	Calabacita, zanahoria y cebolla
■ Fruta	Piña

Poke bowl

Rinde: 1 poke bowl.

Ingredientes:

- ¼ taza de arroz (medido en cocido)
- ¼ taza de quinoa (medida en cocido)
- 20 gr. de salmón
- ¼ de pepino
- ½ de mango
- ¼ de aguacate
- ⅓ de zanahoria
- ¼ taza de edamames

Preparación:

1. Cuece el arroz en agua; la cantidad de agua debe ser el doble de la cantidad de arroz que utilizaste.
2. Cuece la quinoa en agua; la cantidad de agua debe ser el doble de la cantidad de quinoa que utilizaste.
3. Parte el pepino, el aguacate y el mango en cuadritos.
4. Pela y ralla la zanahoria en crudo.
5. Hierve los edamames hasta que estén suaves.
6. Hornea o cuece en el sartén el salmón hasta que esté bien cocido por dentro.
7. Mezcla el arroz con la quinoa. También puedes utilizar sólo arroz o quinoa como «base» del platillo.
8. Monta el plato agregando los ingredientes (el salmón, el pepino, el mango, el aguacate, la zanahoria y los edamames).

Tips y notas importantes:

- Si tus hijos son más grandes, puedes poner todo por separado sobre la mesa y que cada uno se lo prepare a su gusto, fomentando la aceptación de nuevos alimentos.
- Esta es una buena forma de que los niños coman más verdura y de incorporar a todos los grupos de alimentos en un solo platillo.
- Puedes hacerlo vegano, solamente omite el salmón.

Grupo de alimentos	
■ Proteína	Salmón y edamames
■ Grasa	Aguacate
■ Cereal	Arroz y quinoa
■ Verdura	Zanahoria y pepino
■ Fruta	Mango

Fish sticks

Rinde: 3 fish sticks.

Ingredientes:

- 30 gr. de filete de pescado
- 2 cdas. de harina de avena (pág. 44)
- 1 cda. de amaranto
- Gotas de limón
- Zarzamoras
- 1 cdta. de ghee o de aceite de aguacate
- Zanahoria
- Brócoli

Preparación:

1. Mezcla la harina de avena con el amaranto.
2. Corta el filete de pescado blanco salvaje en tiras de menos de dos centímetros de ancho.
3. Exprime unas gotitas de limón sobre ellas.
4. Empaniza con la mezcla de avena y amaranto.
5. Cocina en un sartén con una cucharadita de ghee o aceite de aguacate (o puedes usar aceite en espray y meterlos al horno o freidora de aire).
6. Pon a cocer el brócoli y la zanahoria, cortados en bastones, en una vaporera.
7. Acompaña con zarzamoras.

Tips y notas importantes:

- Si tu bebé es mayor a un año, puedes agregar un poco de sal de mar a la mezcla de avena con amaranto.
- Puedes variar sin problemas las frutas y vegetales que ofreces junto con este platillo.

Grupo de alimentos	
Proteína	Filete de pescado
Grasa	Ghee o aceite de aguacate
Cereal	Avena y amaranto
Verdura	Zanahoria y brócoli
Fruta	Zarzamora

+ 9 meses

cenas

Cenas
+9 meses

Las cenas también son una comida importante, aunque a veces no las consideremos así. Es fundamental que sean completas en nutrientes, y si ya le diste proteína animal a tu bebé en las comidas anteriores, podrías elegir alguna opción con proteína vegetal, o bien sin proteína, ya que el requerimiento proteico de los bebés menores a dos años suele ser bajo. A continuación, te compartiremos quince ideas variadas para que tengas distintas alternativas para ofrecerles a tus pequeños.

Minipizzas

Rinde: 3 minipizzas.

Ingredientes:

- 1 rebanada de pan
- 1-2 cdas. de salsa de tomate casera (pág. 44)
- ½ cdta. de ghee o aceite de aguacate
- 30 gr. de queso mozzarella
- Pimientos minis
- Orégano al gusto
- ½ taza de piña

Preparación:

1. Prepara la salsa de tomate.
2. Pon a tostar un poco la rebanada de pan.
3. Agrega entre 1 y 2 cucharadas de salsa de tomate casera (puedes utilizar más si así lo deseas), luego el queso mozzarella y, por último, los pimientos minis en cuadros pequeños (cocidos al vapor).
4. Corta de una forma que sea sencilla de tomar para tu bebé, dependiendo de su edad.
5. Acompaña esta receta con unos trozos de piña.

> **Tips y notas importantes:**
> - También puedes elaborar esta receta con ½ pieza de pan pita.

Grupo de alimentos	
■ Proteína	Queso mozzarella
■ Grasa	Ghee o aceite de aguacate
■ Cereal	Pan
■ Verdura	Cebolla, pimientos mini
■ Fruta	Piña

Mac and cheese

Rinde: 1 bowl.

Ingredientes:

- ¼ taza de pasta de garbanzo
- ½ taza de bebida vegetal de nuez de la India
- ¼ taza de nueces de la India
- 1 cda. de levadura nutricional
- 1 cdta. de aceite de aguacate
- 1 cdta. de maicena
- ¼ cdta. de jugo de limón
- Pizca de ajo en polvo
- Pizca de paprika

Preparación:

1. Deja remojar las nueces de la India en agua de 6 a 8 horas.
2. Pon dos floretes de brócoli a cocer al vapor y pícalos.
3. Pon a cocer la pasta de garbanzo en otra olla con agua durante 7 minutos, aproximadamente. Luego lávala y escúrrela bien.
4. Coloca las nueces de la India, la bebida vegetal de nuez de la India, la levadura nutricional, el ajo en polvo y la paprika en un triturador de alimentos. Licúa hasta que todo esté bien incorporado.
5. Agrega el ghee o el aceite de aguacate a una olla pequeña y espera a que se derrita para agregar la maicena. Revuelve bien.
6. Añade la pasta de la maicena a la olla y báñala con la crema que preparaste. Añade las gotitas de limón. Mezcla bien para incorporar los ingredientes.
7. Agrega los pedacitos de brócoli a la olla con la pasta y mezcla de nuevo.

Tips y notas importantes:

- La pasta de garbanzo y la levadura nutricional hacen que sea una cena completa y rica en nutrientes, aminoácidos, carbohidratos, vitaminas del complejo B y fibra, entre otros.
- Ideal para niños con alergia a la proteína de leche de vaca (APLV).
- Si no consigues pasta de garbanzo, puedes utilizar de trigo, sólo que esa contaría como cereal, ya que contiene menos proteína.
- Si tu bebé es mayor a un año, puedes agregar un toque de sal de mar.

Grupo de alimentos	
■ Proteína	Pasta de garbanzo
■ Grasa	Nuez de la India, aceite de aguacate
■ Verdura	Brócoli

Enfrijolada de aguacate y brócoli

Rinde: 1 enfrijolada.

Ingredientes:

- 1 tortilla de maíz
- 2 cdas. de frijoles
- ¼ de aguacate
- 1 cda. de brócoli
- 1 mandarina

Preparación:

1. Agrega a la licuadora los frijoles cocidos con un chorrito de agua y mezcla hasta que estén completamente molidos.
2. Caliéntalos en un sartén hasta que hiervan.
3. Introduce la tortilla de maíz dentro de la mezcla de frijoles hasta cubrirla.
4. Voltéala para que se cubra por ambos lados.
5. En otro plato, machaca el aguacate con un tenedor y agrega el brócoli desmoronado. Mezcla hasta incorporar.
6. Rellena la tortilla con el aguacate y el brócoli.
7. En el sartén, vierte sobre el taquito los frijoles que te sobraron.
8. Acompaña esta receta con un poco más de brócoli y mandarina.

Tips y notas importantes:

- El hierro vegetal se absorbe mejor cuando es acompañado de alimentos con vitamina C, por lo que la mandarina será una excelente aliada en este platillo.

Grupo de alimentos	
■ Proteína	Frijol
■ Grasa	Aguacate
■ Cereal	Tortilla de maíz
■ Verdura	Brócoli
■ Fruta	Mandarina

Mollete con salsa de tomate

Rinde: 2 molletes.

Ingredientes:

- 1 rebanada de pan
- 2 cdas. de frijoles
- ¼ de aguacate
- Salsa de tomate casera (pág. 44)
- ½ tuna

Preparación:

1.- Prepara la salsa de tomate.
2.- En otro sartén, pon a tostar un poco la rebanada de pan y corta de una forma que le resulte sencilla de tomar a tu bebé, dependiendo de su edad.
3.- Unta el pan con los frijoles molidos.
4.- Agrega salsa de tomate y aguacate picado en cuadritos.
5.- Acompaña con tomate fresco y tuna.

Tips y notas importantes:

- Si no encuentras pan de masa madre, puedes utilizar un pan integral bajo en sodio, bolillo o telera, que tienen poca sal. O bien prepáralo en casa.

Grupo de alimentos	
Proteína	Frijol
Grasa	Aguacate
Cereal	Pan
Verdura	Salsa de tomate casera
Fruta	Tuna

Mini hot cakes de camote

Rinde: 8 hot cakes pequeños.

Ingredientes:

- ½ camote
- 2 cdas. de harina de avena (pág. 44)
- 1 huevo vegano (pág. 46)
- ¼ de plátano
- 1 fresa
- Tomate
- ½ -1 cdta. de aceite de aguacate

Preparación:

1. Cuece el camote en agua purificada hasta que puedas introducir un tenedor en él.
2. En un plato hondo, machaca el camote con un tenedor.
3. Utiliza dos cucharadas del puré de camote; agrega la harina de avena, el huevo vegano y el plátano hasta incorporar muy bien.
4. Engrasa un sartén antiadherente con aceite de aguacate y distribuye con una servilleta de papel.
5. Coloca la mezcla en el sartén formando hotcakes del tamaño de tu preferencia. Con esa mezcla salen ocho minis.
6. Decora con la salsa de fresa.

Salsa de fresa

1. Calienta la fresa machacada en un sartén hasta que quede con la textura que te guste.

Tips y notas importantes:

- Dependiendo del apetito de tu bebé, puedes utilizarlo para dos cenas.
- Es una excelente opción para esos días en que tu bebé cubrió su requerimiento de proteínas en sus comidas anteriores.

Grupo de alimentos	
Grasa	Aceite de aguacate, linaza
Cereal	Camote, harina de avena
Verdura	Tomate
Fruta	Plátano, fresa

Mini tlacoyos de requesón

Rinde: 5 a 6 mini tlacoyos.

Ingredientes:

- ⅓ taza de harina de maíz
- ¼ taza de agua purificada
- 1 cdta. de ghee o aceite de aguacate
- 2 cdas. de requesón
- Uvas
- 1 cdta. de cilantro
- 4 cdas. de salsa de tomate casera (pág. 44)
- Orégano al gusto
- Cebolla

Preparación:

1. Prepara la salsa de tomate casera.
2. Pica la cebolla finamente y agrega a un sartén antiadherente junto con un poco de orégano; después de cocer por un minuto, agrega el cilantro picado finamente y el requesón. Mezcla y retira del fuego.
3. En un plato hondo, mezcla la harina de maíz, el agua y el aceite; revuelve con tus manos hasta integrar por completo. Su consistencia deberá quedar ligeramente húmeda.
4. Forma bolitas con la masa. Aplana ejerciendo presión con tus manos hasta formar un círculo. Haz una cuenca para rellenar con un poco de requesón guisado. Cierra el tlacoyo creando una forma de rombo. También puedes hacerlo en forma de empanada, doblándola a la mitad.
5. Calienta un sartén antiadherente; agrega primero el aceite de aguacate, distribuyéndolo en toda la superficie con una servilleta, y después cocina por 15 minutos a fuego bajo. Si tienes freidora de aire, puedes meterlos cinco minutos a 200 °C.
6. Cubre de salsa los minitlacoyos antes de servir.
7. Acompaña esta receta con uvas cortadas verticalmente en cuatro.

Grupo de alimentos	
■ Proteína	Requesón
■ Grasa	Aceite de aguacate
■ Cereal	Harina de maíz
■ Verdura	Tomate y cebolla
■ Fruta	Uvas

Palitos de pan con hummus de betabel

Rinde: 2 palitos de pan.

Ingredientes:

- 1 rebanada de pan
- ¼ taza de garbanzo
- ½ betabel
- 1 cdta. de aceite de oliva
- ½ plátano
- 1 cdta. de crema de almendras

Preparación:

1. Deja remojando el garbanzo durante toda la noche.
2. Pon a cocer el garbanzo en agua y el betabel al vapor.
3. Mezcla el garbanzo, el betabel y el aceite de oliva en una licuadora. Si es necesario, puedes añadir un poco de agua hasta lograr el espesor y la consistencia deseados.
4. Corta el pan en tiritas y unta la mezcla del hummus de betabel.
5. Corta el plátano en trozos largos y unta un poco de crema de almendras, el acompañamiento ideal para esta receta.

Tips y notas importantes:

- Puedes hacer el hummus de betabel utilizando el garbanzo con cáscara. Si quieres la mezcla más fina, pasa por un colador.

Grupo de alimentos	
■ Proteína	Garbanzo
■ Grasa	Aceite de oliva, crema de almendra
■ Cereal	Pan
■ Verdura	Betabel
■ Fruta	Plátano

Avena con betabel y fresa

Rinde: 1 bowl.

Ingredientes:

- ⅓ taza de avena
- 1 cdta. de crema de almendras
- 1 cda. de yogurt
- 2 fresas
- 1 cda. de puré de betabel

Preparación:

1. Remoja la avena en agua purificada una hora antes de prepararla.
2. Elimina el agua de remojo y ponla a cocer con un poco más de agua purificada.
3. Deja hervir hasta eliminar el líquido casi por completo.
4. Agrega el betabel cocido y las fresas en un procesador de alimentos hasta que queden trozos pequeños; o bien puedes picarlas finamente con un cuchillo.
5. Agrega la mezcla anterior a la avena, revuelve y deja cocinar unos segundos.
6. Apaga el fuego y deja enfriar.
7. Agrega el yogurt natural y mezcla muy bien.

Tips y notas importantes:

- Puedes licuar la mezcla antes de agregarle la leche y quedará una especie de crema. De seguro que a tu bebé también le encantará.
- Al terminar, ofrece a tu bebé agua natural para evitar estreñimiento, ya que la avena es un alimento rico en fibra.

Grupo de alimentos	
■ Proteína	Yogurt
■ Grasa	Crema de almendras
■ Cereal	Avena
■ Verdura	Betabel
■ Fruta	Fresas

Buddha bowl

Rinde: 1 bowl.

Ingredientes:

- ¼ de camote
- ¼ taza de frijol
- 3-4 tomates cherry
- Ejotes al gusto
- ¼ de aguacate
- ¼ taza de mango

Preparación:

1. Deja remojando en agua los frijoles desde la noche anterior. Después tira el agua y ponlos a cocer en una olla.
2. Cuece el camote y los ejotes al vapor.
3. Corta los tomatitos en cuatro; el camote, el aguacate y el mango en cuadros y los ejotes en bastones.
4. Sirve en un plato hondo a tu gusto.

> **Tips y notas importantes:**
> - Asegúrate de partir frutas y verduras redondas como uvas, moras azules, tomates cherry, etc., siempre a lo largo para evitar riesgo de asfixia.

Grupo de alimentos	
■ Proteína	Frijol negro
■ Grasa	Aguacate
■ Cereal	Camote
■ Verdura	Tomates cherry y ejotes
■ Fruta	Mango

Quesadilla de maíz con aguacate

Rinde: 4 quesadillas pequeñas.

Ingredientes:

- 1 tortilla de maíz
- 30 gr. de queso mozzarella
- ¼ de aguacate
- ½ betabel cocido
- 2 fresas

Preparación:

1. Machaca el aguacate con la ayuda de un tenedor hasta obtener la consistencia de puré.
2. Coloca una tortilla de maíz sobre el sartén y agrega el queso mozzarella.
3. Añade el guacamole (una vez derretido el queso) y parte la tortilla en cuatro.
4. Sirve con betabel y fresas cortados en cuadros pequeños.

Tips y notas importantes:

- ¿A poco una quesadilla no te saca de apuros? Asegúrate de cumplir con los nutrientes que necesita tu bebé incorporando los demás grupos de alimentos.
- Exprime unas gotitas de limón sobre el betabel. La vitamina C del limón ayuda a que se absorba mejor el hierro del betabel.

Grupo de alimentos	
■ Proteína	Queso mozzarella
■ Grasa	Aguacate
■ Cereal	Tortilla de maíz
■ Verdura	Betabel
■ Fruta	Fresa

Cenas

Tortitas de papa con brócoli

Rinde: 2 tortitas.

Ingredientes:

- ¼ de papa
- 1 cdta. de ghee o aceite de aguacate
- 1 cdta. de crema de cacahuate
- 1 cda. de harina de avena (pág. 44)
- 1 ciruela pequeña
- ¼ taza de brócoli
- 1 huevo

Preparación:

1. Cocina el brócoli y la papa al vapor hasta que puedas introducir un tenedor fácilmente.
2. Agrega la papa y el brócoli a un plato hondo y asegúrate de machacarlos.
3. Mezcla el huevo y la harina de avena e incorpora a la mezcla anterior de papa y brócoli.
4. Haz las tortitas.
5. Pon las tortitas en la sartén con ghee o aceite de aguacate hasta que se cocinen.
6. Acompaña con ciruela cubierta de crema de cacahuate.

Tips y notas importantes:

- Si lo deseas, puedes agregar amaranto inflado sobre la fruta.
- El amaranto hará el platillo más atractivo a los ojos de tu bebé y seguro querrá probarlo.

Grupo de alimentos	
■ Proteína	Huevo
■ Grasa	Ghee o aceite de aguacate, crema de cacahuate
■ Cereal	Papa, harina de avena
■ Verdura	Brócoli
■ Fruta	Ciruela

Lentejas con verduras

Rinde: 1 lentejas.

Ingredientes:

- ¼ taza de lentejas
- 1 ½ tomate
- 1 rebanada de cebolla blanca
- ½ vara de apio
- 1 guayaba
- Cilantro fresco al gusto
- 1 diente de ajo
- ⅓ taza de espinacas
- 1 tortilla de maíz
- ¼ de aguacate

Preparación:

1. Deja remojar las lentejas desde la noche anterior.
2. En una olla, pon a cocer las lentejas con el tomate, el apio, el diente de ajo y un puñito de cilantro.
3. Retira los vegetales una vez cocidos y licúa con la ayuda de un colador.
4. Agrega de nuevo los vegetales al caldo (mejor sabor, más nutrientes).
5. Pica medio tomate, la cebolla y la espinaca en cuadros pequeños y agrégalos a la olla de las lentejas.
6. Coloca un poco de caldo en el plato al momento de servir.
7. Acompaña esta receta con un rollito de tortilla de maíz con aguacate y una guayaba.

Tips y notas importantes:

- Puedes usar sólo una fruta, de preferencia rica en vitamina C (ayuda a que se absorba mejor el hierro de las lentejas).

Grupo de alimentos	
■ Proteína	Lentejas
■ Grasa	Aguacate
■ Cereal	Tortilla de maíz
■ Verdura	Tomate, cebolla, espinaca, apio
■ Fruta	Guayaba

Cenas

Arepa de frijol

Rinde: 10 arepas.

Ingredientes:

- 1 taza de harina de maíz o harina P.A.N.
- 1 ¼ taza de agua
- ⅓ de zanahoria
- 2-3 cdas. de frijoles
- ¼ de aguacate
- ½ kiwi
- Tomate

Preparación:

1. Agrega a un tazón la harina P.A.N. (si no la consigues puedes usar de maíz blanco). Poco a poco, ve agregando el agua mientras mezclas con las manos. Ahí mismo, añade la zanahoria rallada finamente. Luego deja reposar por 10 minutos.
2. Con la masa obtenida, forma de dos a tres bolitas de 28-30 gramos aproximadamente (puedes congelar el resto de la masa). Con las manos, presiona cada bolita para hacer la forma de la arepa como se muestra en la imagen.
3. Coloca tus tortitas ya listas en una plancha caliente por dos minutos de cada lado, aproximadamente. Espera a que se enfríen para abrirlas por la mitad, dejando el extremo inferior cerrado, para agregar el relleno.
4. Rellena con frijoles molidos.
5. Acompaña esta receta con aguacate, tomate en cuadros con gotitas de limón y kiwi.

Tips y notas importantes:

- Puedes guardarlas en un recipiente de vidrio con tapa o en bolsas de silicón (para congelar) y tenerlas listas para cuando necesites.
- Puedes variarle el relleno (frijoles, verduras, carne, etc.).
- Si tu bebé tiene más de nueve meses, también puedes hacerlas de queso.

Grupo de alimentos	
Proteína	Frijol
Grasa	Aguacate
Cereal	Harina de maíz
Verdura	Tomate, zanahoria
Fruta	Kiwi

Pizza de frutas

Rinde: 4 minipizzas.

Ingredientes:

- Hotcakes
- ½ taza de frutas de tu elección (fresas, zarzamoras, plátano, etc.)
- 2 cdas. de yogurt
- 1 cdta. de chía

Preparación:

1. Prepara los hotcakes que le gusten más a tu bebé. Te dejamos algunas opciones en las páginas 58 a 64.
2. Utiliza el hotcake como base. Luego esparce yogurt sobre él, decora con fruta y espolvorea chía.

Tips y notas importantes:

- En esta receta se van a complementar los cinco grupos de alimentos según los hotcakes que elijas.
- Este platillo es excelente para que tu hijo interactúe con los alimentos; deja que él decore su pizza frutal.

Grupo de alimentos	
■ Proteína	Yogurt
■ Grasa	Chía
■ Fruta	Fresa, zarzamora y plátano

Tortitas de brócoli

Rinde: 2 tortitas.

Ingredientes:

- 1 taza de brócoli
- 1 huevo
- ¼ taza de harina de avena (pág. 44)
- 30 gr. de queso mozzarella
- ½ cdta. de ajo en polvo
- ½ cdta. de especias al gusto
- 1 cdta. de aceite de aguacate
- 1 mandarina

Preparación:

1. Cuece el brócoli al vapor. En cuanto puedas introducir el tenedor en el tallo, sabrás que está listo. Posteriormente, aplástalo sobre un plato con ayuda de un tenedor.
2. En un plato hondo, revuelve todos los ingredientes (excepto la mandarina) con tus manos y después forma las tortitas.
3. Coloca las tortitas en un sartén con aceite de aguacate previamente calentado hasta que estén doraditas por ambos lados. También puedes hornearlas a 180 °C por 10 minutos.
4. Acompaña esta receta con una mandarina en gajos.

Tips y notas importantes:

- En caso de que sientas la mezcla muy aguada, puedes agregar más harina de avena.

Grupo de alimentos	
■ Proteína	Huevo, queso mozzarella
■ Grasa	Aceite de aguacate
■ Cereal	Harina de avena
■ Verdura	Brócoli
■ Fruta	Mandarina

snacks

+ 9 meses

Snacks
+9 meses

Los snacks (también llamados colaciones) tienen la función de complementar la alimentación de tu bebé, siendo extras a los tiempos principales de comida: desayuno, almuerzo y cena. Es decir, no sustituyen un tiempo de comida principal.

Se incluyen en su alimentación a partir de los nueve meses de edad. Es muy importante saber qué tipo de snacks ofrecerle a tu bebé, por lo que en esta sección del recetario te daremos ideas muy prácticas que le encantarán y complementarán perfectamente su alimentación, así como también impulsarán su desarrollo.

La palabra snack suele relacionarse (erróneamente) con alimentos que contienen un elevado aporte de sodio, azúcares o grasas saturadas, como golosinas, cereales azucarados, chocolates, galletas, panes, jugos etc. Estos alimentos son inadecuados para tu bebé, especialmente en esta etapa de su vida. Pueden contribuir al desarrollo de malos hábitos desde que son muy pequeños, deteriorar la calidad de su dieta, provocar el rechazo hacia las comidas saludables, generar carencia de micronutrientes, causar enfermedades no transmisibles, caries dentales, etc.

Por el contrario, los snacks que te presentaremos a continuación son completamente saludables y tienen un tamaño perfecto para que tu bebé explore, lo cual, además de nutrirlo, también lo ayudará a mejorar sus habilidades. Las opciones están elaboradas con ingredientes cien por ciento naturales, ideales para el correcto desarrollo cognitivo de tu bebé.

¿Cada cuánto tiempo debo ofrecerlos?

A partir de los nueve meses puedes agregar un snack entre comidas. Podrás hacerlo a media mañana o a media tarde, a la hora que consideres más adecuada a la necesidad de tu bebé.

A partir del año puedes empezar a incluir dos de ellos. Los snacks ayudarán a equilibrar la dieta de tu bebé, además de ser excelentes para evitar que llegue de mal humor y con demasiada hambre a su siguiente tiempo de comida, ya que, si esto ocurre, es probable que no quiera comer bien.

¿Qué deben contener?

- Fruta o verdura combinada con alimentos del grupo de los cereales y/o grasas.

- El snack puede considerarse un complemento de las comidas principales, pero no sustituye ninguna de ellas. Te recomendamos elegirlos en base a lo que tu bebé consumió menos en su comida principal. De esta manera lograrás complementar los nutrientes, vitaminas y minerales que necesita a lo largo del día.

- El requerimiento de proteína en bebés y niños es muy bajo. Fácilmente suelen alcanzarlo con la proteína incluida en sus comidas principales, así que, si tu bebé comió suficiente proteína en ellas, te recomendamos que elijas uno sin proteína para no exceder su requerimiento. Pero si tu bebé comió muy poca o no consumió proteína en su comida principal, podrías incluirla en su snack.

- A pesar de que el yogurt es considerado dentro del grupo de las proteínas, si le ofreces yogurt natural sin endulzar a tu bebé, en una cantidad menor a dos cucharadas, no se considerará como fuente de proteína, sino como un alimento libre. Es por eso que, en este recetario, cuando utilicemos cantidades pequeñas (menores a dos cucharadas) no lo contaremos como proteína.

Consejos de conservación y duración

En ocasiones, preparar al momento los snacks para tu bebé puede ser complicado, por lo que aquí te dejamos algunos consejos para su conservación.

- Durante el fin de semana, prepara y corta cubos y rodajas de fruta: melón, sandía, manzana, plátano, piña, uva, papaya. De esta manera te será más sencillo elaborarlos entre semana.

- Los snacks que te presentamos en el recetario pueden estar en tu refrigerador un máximo de tres días (sin tener contacto con el plato, la boca de tu bebé o con otros alimentos).

- Cuando los refrigeres o congeles, trata de hacerlo en un recipiente de vidrio o plástico libre de BPA, y con tapa hermética.

- Si es posible, etiqueta con la fecha en la que los elaboraste para que sepas cuánto tiempo llevan hechos y cuándo debes deshacerte de ellos.

Utensilios para transportar snacks

Además de paseos, siempre hay salidas obligatorias; por ejemplo, ir al pediatra o a visitar a la familia.

Para llevarlos, puedes adquirir este tipo de recipientes. Son prácticos, lavables y habrá menos tiradero.

Baberos de silicón: puedes hacerlos rollitos y traerlos siempre en tu pañalera. Los limpias con una toallita húmeda al momento de volverlos a guardar. Luego, al llegar a casa, los lavas con agua y jabón.

Mantel de silicón: al igual que el babero, es súper práctico, ya que no ocupa espacio en tu pañalera. Lo haces rollito y es fácil de limpiar. Es ideal para cuando sales a restaurantes o vas de picnic.

Set de cuchara y tenedor con estuche para guardarlos y mantenerlos limpios en tu pañalera.

Los contenedores de vidrio siempre serán una mejor opción que los de plástico, ya que son más duraderos; al lavarlos no guardan el olor de los alimentos y no se manchan con tanta facilidad.

Este tipo de recipientes son excelentes, ya que le permiten a tu bebé un agarre fácil de sus snacks.

Por último, te recomendamos este tipo de **bolsas de silicón reutilizables** para llevar los snacks de tu bebé.

Snacks

Bites de pastel de zanahoria

Rinde: 8 bites.

Ingredientes:

- ½ zanahoria
- 2 dátiles
- 1 cda. de harina de coco
- 2 cdas. de nueces de la India
- 2 cdtas. de crema de almendras
- 3 cdas. de avena
- Canela al gusto

Preparación:

1. Ralla la zanahoria cruda y luego corta muy finamente.
2. Pon la zanahoria, los dátiles, las nueces de la India y la avena en el procesador de alimentos.
3. Coloca la mezcla anterior en un tazón y agrega la harina de coco, la crema de almendras y la canela.
4. Mezcla todo y empieza a formar bolitas pequeñas con la ayuda de tus manos o una cuchara.

Tips y notas importantes:

- Pon a remojar los dátiles la noche anterior para que se ablanden, mejore la textura y le ayude a tu bebé a digerirlos más fácilmente. De preferencia, compra dátiles deshuesados.
- Remoja una noche antes las nueces de la India sin sal para eliminar los inhibidores de enzimas (antinutrientes).
- Lo puedes poner a refrigerar (un máximo de tres días).

Grupo de alimentos	
Grasa	Harina de coco, nuez de la india, crema de almendras
Cereal	Avena
Verdura	Zanahoria
Fruta	Dátiles

Galletas de avena

Rinde: 7 galletas.

Ingredientes:

- ½ taza de avena en hojuelas
- ¼ taza de harina de avena (pág. 44)
- 1 plátano maduro
- ½ cdta. de extracto de vainilla
- ½ cda. de crema de almendras

Preparación:

1. Precalienta el horno a 180 °C.
2. En un plato hondo, aplasta los plátanos con la ayuda de un tenedor. Luego agrega la harina de avena, la avena en hojuelas, la vainilla y la crema de almendras. Mezcla hasta que se incorporen bien los ingredientes.
3. Toma la mezcla con una cuchara medidora y da la forma con tus manos.
4. Hornea en un refractario con una hoja de papel encerado de 12-15 minutos, aproximadamente, hasta que veas que empiezan a tomar un color doradito.

Tips y notas importantes:
- Por la humedad del plátano no duran mucho tiempo.

Grupo de alimentos	
■ Grasa	Crema de almendras
■ Cereal	Avena
■ Fruta	Plátano

Manzana asada con canela y yogurt

Rinde: 1 bowl.

Ingredientes:

- 1 manzana
- ½ cdta. de aceite de coco
- ½ cdta. de canela en polvo
- 1 cda. de agua purificada
- 2 cdas. de yogurt

Preparación:

1. Pela la cáscara de la manzana y corta en rebanadas o cubos.
2. Coloca el aceite de coco en un sartén antiadherente, distribuyendo bien con una servilleta. Agrega la manzana, la canela y el agua, y deja cocinar tapado por tres minutos, mezclando ocasionalmente.
3. Retira del fuego y espera a que enfríe un poco.
4. Baña y mezcla con el yogurt natural.

Tips y notas importantes:

- Si no tienes manzana puedes utilizar pera.
- La manzana debe quedar suave para que tu bebé pueda masticarla sin problemas.

Grupo de alimentos	
■ Proteína	Yogurt
■ Grasa	Aceite de coco
■ Fruta	Manzana

Bastones de zanahoria y hummus de betabel

Rinde: 5 bastones.

Ingredientes:

- ½ taza de garbanzos
- ¼ taza de betabel
- 1 zanahoria
- 1 cdta. de aceite de oliva
- Jugo de ½ -1 limón

Preparación:

1. Corta la zanahoria en bastones y ponla a cocer al vapor.
2. Agrega los garbanzos previamente cocidos, el betabel, una cucharadita de aceite de oliva y el jugo de medio limón (o de un limón entero: dependiendo de qué tanto te guste) al procesador y agrega el agua poco a poco hasta llegar a la consistencia deseada.

Tips y notas importantes:

- Puedes utilizar el agua de la cocción del betabel (hará que tome un color todavía más intenso) o el agua de los garbanzos.
- Si tu bebé tiene más de un año, puedes agregar un poco de sal de mar.

Grupo de alimentos	
■ Proteína	Garbanzos
■ Grasa	Aceite de oliva
■ Verdura	Betabel, zanahoria

Mousse de pay de limón con coco

Rinde: 1 bowl.

Ingredientes:

- 1 aguacate
- 8 cdas. de bebida vegetal de coco
- 1 cda. de coco rallado
- Jugo de ½ limón
- 3 dátiles

Preparación:

1. Licúa todos los ingredientes hasta que estén bien incorporados.

> **Tips y notas importantes:**
> - El limón de la foto es únicamente de decoración. Si tu bebé no está acostumbrado a comerlo de esa manera, puedes retirarlo antes de servir o simplemente omitir.

Grupo de alimentos	
Grasa	Aguacate, bebida vegetal de coco, coco
Fruta	Limón, dátil

Snacks

Dátiles rellenos

Rinde: 2 dátiles.

Ingredientes:

- 2 dátiles
- Canela en polvo
- 2 cdtas. de crema de almendras

Preparación:

1. Remueve el hueso del dátil en caso de tenerlo.
2. Parte por la mitad y rellena con la crema de almendras.
3. Espolvorea con la canela en polvo.

Tips y notas importantes:

- Si tu bebé es muy pequeño, puedes cortar el dátil en tiras alargadas y untarles la crema de almendras (como en la foto).
- En lugar de crema de almendras puedes usar crema de cacahuate sin azúcar.

Grupo de alimentos	
Grasa	Crema de almendras sin azúcar
Fruta	Dátil

Deditos de brócoli y calabacita con dip de tomate

Rinde: 8 deditos.

Ingredientes:

- 2 cdas. de salsa para pizza (pág. 45)
- 1 cdta. de aceite de aguacate
- ¾ taza de calabacita
- 1 taza de avena
- ¾ taza de brócoli

Preparación:

1. Prepara la salsa para pizza.
2. Cuece al vapor el brócoli y la calabaza sin cáscara.
3. Licúa el brócoli y la calabaza ya cocidos.
4. Agrega a un tazón la mezcla anterior con la avena licuada.
5. Forma los deditos con tus manos, del grosor y tamaño que elijas.
6. Cocina en un sartén con un poco de ghee o aceite de aguacate para que se doren un poco.

Tips y notas importantes:

- Puedes guardar en el refrigerador por un máximo de tres días.
- También pueden ser una buena opción de desayuno y cena si agregas un huevo a la preparación.

Grupo de alimentos	
Grasa	Aceite de aguacate
Verdura	Tomate, cebolla, brócoli, calabacita

Paleta helada de fresa, sandía y chía

Rinde: 3 paletas pequeñas.

Ingredientes:

- ¾ taza de fresa.
- ¾ taza de sandía.
- ¾ taza de agua.
- 1 cdta. de chía.

Preparación:

1. Licúa la fresa con la sandía, el agua y la chía.
2. Compra recipientes de paletas para bebé. También puedes poner la mezcla en un recipiente para hielo.
3. Lleva al congelador, tapado con papel adherente.
4. Inserta palitos de madera y deja congelar.
5. Espera entre 4 y 8 horas.

Tips y notas importantes:

- Siempre supervisa a tu bebé cuando coma la paleta helada; cuidando, sobre todo, que el palito de madera o los pedazos de la paleta no sean demasiado grandes.

Grupo de alimentos	
Grasa	Chía
Fruta	Fresa, sandía

Minicupcakes de avena

Rinde: 12 minicupcakes.

Ingredientes:

- ⅓ taza de harina de avena (pág. 44)
- 1 huevo
- 1 plátano maduro
- ¼ cdta. de extracto de vainilla
- ¼ cdta. de canela
- 2 cdas. de agua natural
- 1 cdta. de aceite de aguacate
- 2 dátiles

Preparación:

1. Precalienta el horno a 180 °C.
2. Remoja los dátiles en agua durante 15 minutos.
3. Licúa los dátiles con dos cucharadas de agua hasta formar una pasta.
4. Agrega a la licuadora, junto con la pasta de los dátiles, la harina de avena, el huevo, el plátano, la vainilla y la canela, hasta formar una mezcla homogénea.
5. Engrasa un molde de minicupcakes con un poquito de aceite de aguacate.
6. Vierte una cucharada en cada hueco del molde, y procura no llenarlo hasta el tope porque se elevan.
7. Hornea de 13 a 15 minutos, aproximadamente (va a depender mucho de tu horno y el tamaño de tus moldes).

Tips y notas importantes:

- Puedes guardarlo en el refrigerador por un máximo de tres días.

Grupo de alimentos	
Proteína	Huevo
Grasa	Aceite de aguacate
Cereal	Avena
Fruta	Plátano y dátil

Vegetales rallados con limón y aguacate

Rinde: 1 bowl.

Ingredientes:
- ¼ taza de pepino
- ¼ taza de jícama
- ¼ de zanahoria
- ¼ de aguacate
- Jugo de ½ limón

Preparación:
1. Mezcla el pepino rallado con la jícama y la zanahoria rallada.
2. Agrega el aguacate y el jugo de limón sobre ellas.

Tips y notas importantes:
- Si tu bebé ya es mayor de un año, puedes agregar una pizca de sal.

Grupo de alimentos	
Grasa	Aguacate
Verdura	Jícama, zanahoria y pepino

Toast animados

Rinde: 1 toast.

Ingredientes:

- 1 cdta. de crema de almendras.
- Fruta y verdura de tu elección.
- 1 rebanada de pan de masa madre o rice cake (tostada de arroz).

Preparación:

1. Con la ayuda de una cuchara, unta la crema de almendras en el pan tostado o tostada de arroz.
2. Decora con frutas y verduras para armar su animal favorito. En la foto puedes ver cómo se formó un gatito usando plátano, fresas, moras, zanahoria y unos granos de ajonjolí para su boca.

Tips y notas importantes:

- En lugar de crema de almendras puedes usar crema de cacahuates, de avellanas, de nuez de la India, etc.
- Si tu hijo tiene menos de tres años, corta la mora por la mitad para evitar asfixia.

Grupo de alimentos	
Grasa	Crema de almendras
Cereal	Pan o tostadas de arroz
Fruta	Plátano

Frozen yogurt cups

Rinde: 6 minicups.

Ingredientes:

- ½ taza de yogurt
- ¼ taza de frutos rojos (fresas, moras y zarzamoras)
- ½ plátano
- 1 cda. de crema de macadamia

Preparación:

1. Desinfecta los frutos rojos (moras, fresas y zarzamoras).
2. Pica los frutos rojos y el plátano en cuadros pequeños.
3. En un plato hondo, mezcla el yogurt natural, la crema de macadamia y la fruta.
4. Coloca capacillos de papel para hornear en un molde para cupcakes mini.
5. Agrega de 1 a 2 cucharaditas de la mezcla en cada uno y decora con fruta por arriba, como se muestra en la imagen.
6. Deja en el congelador durante tres horas.

Tips y notas importantes:

- Puedes usar 2 o 3 por snack y mantener el resto congelado en un recipiente de vidrio con tapa (resistente a bajas temperaturas).
- Si tu bebé no consumió proteína durante el día, éste puede ser un snack apto para él.
- Puedes cambiar la fruta sin problemas, dependiendo de lo que tengas a mano (fresas más plátano, sólo frutos rojos, etc.).

Grupo de alimentos	
■ Proteína	Yogurt
■ Grasa	Crema de macadamia
■ Fruta	Mix de frutos rojos y plátano

Guacamole con pico de gallo y bastones de vegetales

Rinde: 1 bowl.

Ingredientes:

- ¼ de aguacate chico
- ¼ de tomate
- 2 cdas. de cilantro picado
- Espárragos y ejotes cocidos al vapor (cantidad al gusto)
- Jugo de ½ limón

Preparación:

1. Mezcla el aguacate con el tomate, cilantro y limón.
2. Utiliza el guacamole como dip o salsa para los bastones de vegetales.

Tips y notas importantes:

- Procura que los ejotes y los espárragos queden blandos para que tu bebé pueda masticarlos con facilidad.

Grupo de alimentos	
Grasa	Aguacate
Verdura	Tomate, cilantro, espárragos y ejotes

Corazones de amaranto y fruta

Rinde: 14 galletas pequeñas.

Ingredientes:

- 2 tazas de amaranto
- ¼ taza de coco rallado sin azúcar
- 1 taza de piña
- 3 cdas. de crema de almendras

Preparación:

1. Precalienta el horno a 180 °C.
2. Coloca la piña sin cáscara en la licuadora.
3. En un procesador de alimentos, coloca el coco rallado para que quede como polvo.
4. Agrega todos los ingredientes en un plato hondo y revuelve con las manos.
5. Empieza a hacer bolitas con tus manos y, con ayuda de un cortador de galleta en forma de corazón, puedes hacer la forma como se muestra en la foto.
6. Colócalas sobre una charola y hornea por 15 minutos a 180 °C.

Tips y notas importantes:

- Puedes sustituir con cualquier fruta que tengas en casa; también quedan deliciosas con frutos rojos.
- La cantidad de galletas dependerá del molde que utilices; puedes guardar el resto en el refrigerador.

Grupo de alimentos	
Grasa	Coco, crema de almendras
Cereal	Amaranto
Fruta	Piña

Galletas de naranja y nuez

Rinde: 7 galletas.

Ingredientes:

- ½ taza de harina de almendras
- ½ cdta. de canela
- 1 huevo
- ½ taza de dátiles
- Ralladura de una naranja
- Jugo de 1 ½ naranja
- ¼ taza de nuez triturada.

Para decorar:

- ¼ taza de nuez en polvo
- ½ cucharadita de canela

Preparación:

1. Precalienta el horno a 180 °C.
2. Remoja los dátiles en agua durante 15 minutos.
3. Procesa los dátiles con el jugo de naranja y el huevo.
4. Posteriormente, incorpora los ingredientes (la harina de almendras, la canela, la ralladura de naranja y la nuez en trocitos) en el mismo procesador de alimentos.
5. Forma con tus manos las galletas, intentando que sean del mismo tamaño, y coloca la nuez y la canela sobre ellas como decoración.
6. Hornea 15 minutos a 180 °C, aproximadamente, hasta que se vean ligeramente doraditas.

Grupo de alimentos	
■ Proteína	Huevo
■ Grasa	Harina de almendras, nuez
■ Fruta	Naranja, dátiles

+ 1 año

Recetas
familiares

Recetas Familiares
+1 año

Recetas y recomendaciones para incorporación a la dieta familiar a partir del año. Puedes duplicar o dividir cantidades en base al número de integrantes en tu familia.

Características de los niños a partir de los doce meses:

- A partir del año, la velocidad del crecimiento disminuye, por lo cual también lo hará la sensación de hambre del bebé.

- La leche materna o fórmula dejan de ser el alimento principal, pero siguen siendo una fuente importante de nutrientes.

- Las necesidades de calcio aumentan a partir de los doce meses, pero pueden ser cubiertas con la alimentación. Los lácteos son la fuente principal de este mineral, seguidos por alimentos como el pescado, el salmón, los frutos secos (triturados), la soja, las legumbres, los cereales fortificados (pan, pasta, etc.) y los vegetales como el brócoli, las coles y la espinaca, en menor cantidad.

- Los requerimientos de hierro disminuyen a 7 mg/día, pero sigue siendo muy importante incluir alimentos ricos en este mineral en la dieta, debido a que las fórmulas y los cereales fortificados empiezan a desaparecer en esta etapa.

- El uso del biberón debería desaparecer a partir de los dieciocho meses para evitar deficiencias de hierro, sobrepeso y caries, por lo que, desde los doce meses, puedes empezar a ofrecer todos los líquidos en un vaso abierto.

- Entre los 12-24 meses los niños desarrollan habilidades para comer con cubiertos.

- Evita alimentos duros y redondos como las uvas, aceitunas enteras, cacahuates, nueces, semillas, zanahoria, manzanas crudas, palomitas y salchichas, por riesgo de asfixia.

- Procura que el niño no coma muy rápido, se ría, corra o brinque mientras come, para evitar riesgo de asfixia.

En esta etapa empiezan a mostrar sus gustos e intereses, se vuelven más selectivos con los alimentos y tienen mayores distracciones al momento de comer; por lo que las comidas familiares se tornan aún más importantes, pues los niños aprenden con el ejemplo y, al ver que se consumen los mismos alimentos en la mesa, aumentará su confianza e interés por comerlos.

Por ello, el inicio de la alimentación complementaria es un punto clave en el proceso de incorporación al menú familiar, ya que es entonces cuando los niños pueden conocer diferentes alimentos, texturas, sabores y olores. Esto les permitirá tener una mayor aceptación de lo que consumen, así como una experiencia placentera al comer y una mejor relación con los alimentos.

Es importante no premiar, obligar o forzar al bebé a que coma, para no crear una mala relación con la comida. Evita darle alimentos sin valor nutricional y ten a su alcance alimentos naturales y de calidad.

Uno de los objetivos principales de la alimentación complementaria es que el bebé esté completamente preparado y capacitado para su incorporación a la dieta familiar. Esto deberá lograrse en torno a su primer año, al desarrollar la habilidad de comer por sí mismos, sin la ayuda de sus papás.

Sabemos que a veces es complicado pensar en ese momento, ya que durante toda la etapa de alimentación complementaria seguramente te esforzaste por darle cosas de buena calidad, pensando en su salud; y a lo mejor un poco alejadas de lo que tu familia y tú acostumbran comer en su vida cotidiana.

Los niños son como un espejo de nuestros hábitos, por lo que resulta complicado inculcarles una alimentación saludable si no la vivimos en casa. Tal vez, en la etapa de alimentación complementaria parecía posible, pero es después del año cuando realmente viene la «prueba de fuego». En esta nueva etapa se enfrentarán a los hábitos de la familia, y si estos no son los mejores, puede que todo tu esfuerzo durante la AC no sea suficiente ni rinda los frutos esperados.

La alimentación complementaria de tu bebé es una excelente etapa para comenzar a incluir hábitos saludables en tu familia (si es que no los había), así como para introducir estos alimentos que, aun sabiendo que son sanos, no acostumbramos consumirlos. Es una etapa de introducir y conocer. A veces no sólo para el bebé, sino para todos.

Siendo México uno de los países con mayores índices de obesidad, diabetes e hipertensión, es normal pensar que muchas de estas enfermedades se deben a los hábitos alimenticios actuales de las familias. En caso de no cambiarse, seguro los heredarán los más pequeños.

Queremos iniciar este capítulo invitándolos a ti y a tu familia a trabajar en mejorar los hábitos alimenticios antes de pensar en incorporar a los más pequeños a ellos, ya que no sólo se acostumbrarán a lo sano, sino también a las conductas negativas que tengamos arraigadas en nuestro entorno familiar.

Si como familia ya tienen una alimentación equilibrada ¡muchas felicidades! El proceso será más sencillo para ustedes. En este capítulo te daremos algunas ideas de cómo un platillo familiar se puede adaptar fácilmente al de tu bebé.

¿En qué puede variar un platillo de un bebé de 1-3 años con uno de un adulto?

- En los cortes y texturas, puesto que los más pequeños aún no dominan el uso de cubiertos. Además de que algunos alimentos (por su forma) pueden ser peligrosos para ellos, pues representan un riesgo de asfixia.

- En el uso de picante.

- En la dureza de los alimentos, ya que los más pequeños puede que aún no tengan todos sus dientes y haya alimentos complicados de masticar, como la carne roja, por ejemplo. Estos deberán ser picados finamente.

Para incorporar a tu niño en la dieta familiar, puedes comenzar a involucrarlo desde el momento de la preparación de los alimentos. A partir del año, la curiosidad de los niños va en aumento.

Es importante que no dejemos pasar la oportunidad de fomentar este proceso en los niños lo antes posible. Hacer las comidas separadas o diferenciadas («comida de niños» y «comida de adultos»), puede propiciar malos hábitos alimenticios y mala relación con los alimentos.

Sabemos que puede sonar algo «difícil» la sugerencia de una mesa con adultos, niños y bebés comiendo lo mismo, pero estamos seguras de que esto es posible, viable y mucho más sencillo de lo que piensas; sólo sigue las recomendaciones que aquí te proporcionaremos y atrévete a experimentar.

Chilaquiles horneados

Rinde: 2 bowls.

Ingredientes:

- 3 tortillas de maíz
- 40 gr. de queso mozzarella
- Sal de mar
- 1 cdta. de ghee o aceite de aguacate
- Salsa de tomate (pág. 44)
- Col verde (repollo)
- ¼ taza de cilantro
- 1 rebanada de cebolla
- Melón

Preparación:

1. Precalienta el horno a 180 °C.
2. Corta las tortillas de maíz en cuadros o triángulos.
3. Agrega los pedazos de tortilla a un plato hondo junto con una cucharadita de aceite de aguacate y sal de mar. Mezcla bien.
4. Pásalas a una charola de manera que queden esparcidas y no se encimen.
5. Hornea de 15 a 20 minutos. Después de los primeros 10 minutos, empieza a revolver cada 5, para que se doren parejo.
6. Prepara la salsa de tomate.
7. Una vez que las tortillas estén doradas y crujientes, báñalas con la salsa de tomate casera, y por último agrega el queso mozzarella.
8. Tapa, baja a fuego lento y espera a que el queso se derrita.
9. Sirve con repollo, cilantro y cebolla picaditos.

Tips y notas importantes (adultos):

- Puedes acompañar con ⅓ de taza de frijoles molidos o 1 huevo estrellado.
- Si te gustan picosos, agrega la salsa al momento de servir.
- Puedes sustituir la tortilla de maíz por tortilla de nopal.

Tips y notas importantes (niños):

- Puedes incluir una porción de fruta.

Grupo de alimentos	
Proteína	Queso mozzarella
Grasa	Ghee o aceite de aguacate
Cereal	Tortilla de maíz
Verdura	Tomate, col verde (repollo), cilantro y cebolla
Fruta	Melón

Waffles

Rinde: 4 waffles.

Ingredientes:

- 1 taza de harina de avena (pág. 44)
- 1 plátano
- 1 huevo
- 1 cdta. de polvo para hornear
- Ghee o aceite de aguacate
- ½ cdta. de canela
- 1 cdta. de vainilla
- ½ taza de bebida vegetal de almendras

Preparación:

1. Precalienta la wafflera y agrega un poco de aceite de aguacate.
2. En un plato hondo, agrega los ingredientes secos: harina de avena, polvo para hornear y canela.
3. En otro plato hondo, machaca el plátano, agrega la vainilla, la leche de almendras, el huevo, y bate bien hasta que todo quede incorporado.
4. Integra los ingredientes secos con los ingredientes húmedos y mezcla.
5. Agrega la mezcla a la wafflera.
6. La wafflera te avisará cuando estén listos; sirve y decora al gusto.

Tips y notas importantes (adultos):

- *Toppings:* puedes agregar 1 cucharadita de miel de maple pura o de abeja y ½ porción de fruta de tu elección (Ejemplo: ¼ de plátano, ½ taza de fresas, ½ taza de berries, etc).

Tips y notas importantes (niños):

- *Toppings:* no incluir miel en menores de dos años; optar por una cucharadita de crema de almendras o de cacahuates y fruta.
- Acompaña con alguna verdura, o bien puedes incluirla en el siguiente tiempo de comida.

Grupo de alimentos	
Proteína	Huevo
Grasa	Ghee o aceite de aguacate, bebida vegetal de almendra
Cereal	Harina de avena
Fruta	Plátano

Omelette

Rinde: 2 omelettes.

Ingredientes:

- 2 huevos
- 1 taza de espinacas
- ¼ de cebolla blanca
- ½ taza de champiñones
- 1 cdta. de ghee o aceite de aguacate
- Sal de mar al gusto
- 30 gr. de queso mozzarella
- 2 rebanadas de pan
- ¼ de aguacate
- Moras

Preparación:

1. Pica las espinacas, la cebolla y los champiñones.
2. Calienta un sartén con ½ cucharadita de ghee o aguacate y guisa las verduras.
3. En un plato hondo, bate los huevos con un tenedor; luego agrega las verduras cocidas, un toque de sal de mar y mezcla.
4. Agrega la otra ½ de la cucharadita de aceite de aguacate a un sartén y vierte la mitad de la mezcla del huevo.
5. Cocina unos 5 minutos a fuego medio. Desprende los extremos para voltearlo y doblarlo a la mitad (como omelette).
6. Para la versión de adultos: si lo deseas, agrega 30 gr. de queso mozzarella antes de doblar y espera a que se derrita.

Tips y notas importantes (adultos):

- Puedes agregar 30 gr. de queso mozzarella.
- Acompaña con 1 rebanada de pan integral, con aguacate y una porción de fruta para tener un desayuno más completo.

Tips y notas importantes (niños):

- No es necesario incluir otra fuente de proteína animal.
- Acompaña con 1 o ½ rebanada de pan integral y una porción de fruta.

Grupo de alimentos	
■ Proteína	Huevo
■ Grasa	Ghee o aceite de aguacate, aguacate
■ Cereal	Pan
■ Verdura	Espinacas, champiñones, cebolla
■ Fruta	Moras

Avena con plátano

Rinde: 2 bowls.

Ingredientes:
- 1 taza de avena
- 1 ½ taza de leche (de tu preferencia)
- 2 cdtas. de crema de almendras
- ½ cdta. de vainilla
- 1 plátano
- Canela al gusto
- ½ taza de agua

Preparación:
1. Licúa medio plátano con la leche y el extracto de vainilla.
2. Pásalo a una ollita, agrega canela y avena en hojuelas.
3. Mezcla constantemente hasta obtener la consistencia deseada.
4. Sirve y decora con la otra mitad del plátano y crema de almendras.

Tips y notas importantes (adultos):
- Si quieres un desayuno con menos grasa, opta por leche descremada o bebida vegetal (sólo divide las cantidades y hazlo por separado).

Tips y notas importantes (niños):
- Si tu hijo es menor a 2 años, utiliza leche entera.
- Agrega verduras para tener un plato más completo

Grupo de alimentos	
Proteína	Leche
Grasa	Crema de almendras
Cereal	Avena
Fruta	Plátano

Avo-toast

Rinde: 2 avo-toast.

Ingredientes:

- 2 huevos
- 2 rebanadas de pan
- ½ aguacate
- 1 limón
- Sal de mar al gusto
- Arúgula al gusto
- 1 cda. de vinagre blanco
- Fresas

Preparación:

1. Tuesta los panes de masa madre en el horno o sobre un sartén.
2. En un plato hondo, machaca el aguacate, agrega el jugo de limón (cantidad al gusto) y un toque de sal de mar.
3. Unta los panes con el aguacate y agrega la arúgula al gusto sobre él.

Para hacer el huevo poché

1. Agrega un huevo sin revolver en un plato hondo pequeño.
2. Coloca agua en una olla. Cuando esté por burbujear, agrega el vinagre blanco y revuelve el agua tratando de formar un remolino. En ese momento agrega el huevo (trata de que no hierva el agua mientras se está cocinando).
3. Estará listo en tres minutos, aproximadamente.

Para hacer el huevo cocido

1. Coloca agua en una olla y, cuando esté hirviendo, introduce un huevo con cáscara y espera entre 10-15 minutos a que esté bien cocido.
2. Pásalo por el chorro de agua fría y retira la cáscara.

> **Tips y notas importantes (adultos):**
> - Puedes servirlo con huevo cocido o con huevo poché.
> - Puedes agregar chile de tu elección al momento de servir.

> **Tips y notas importantes (niños):**
> - Asegúrate de que el huevo esté bien cocido.
> - Acompaña con ½ taza de moras azules o fruta de su elección.

Grupo de alimentos	
■ Proteína	Huevo
■ Grasa	Aguacate
■ Cereal	Pan
■ Verdura	Arúgula
■ Fruta	Fresas

Asado

Rinde: 3 bowls.

Ingredientes:

- 250 gr. de cuete de res
- 1 papa
- 1 calabaza
- ½ de cebolla blanca
- 1 tomate
- ½ vara de apio
- Sal de mar
- Lechuga
- 2 dientes de ajo
- 1 cdta. de ghee o aceite de aguacate
- 60 gr. de queso panela
- ½ aguacate
- Pimienta

Preparación:

1. Hierve la carne en trozo hasta que esté suave y completamente cocida. En el agua de la olla agrega el tomate, los dientes de ajo, el apio y ¼ de cebolla.
2. Limpia la espuma que se va formando en la parte de arriba del caldo.
3. Retira los vegetales una vez que el tomate esté cocido y licúalos junto con un poco de caldo.
4. Regresa la mezcla de los vegetales al caldo en donde se está cociendo la carne. Hazlo con la ayuda de un colador para que no se vayan trocitos de vegetales. Esta mezcla ayudará a que la carne tenga mejor sabor.
5. Cuando la carne esté lista, córtala en cuadros pequeños de 1 cm aproximadamente y reserva.
6. Pica ¼ de cebolla, la papa y la calabacita en cuadros.
7. Agrega la cebolla a un sartén con una cucharadita de aceite de aguacate, seguida por la papa y la calabacita.
8. Cuando la papa esté casi cocida, agrega la carne y mezcla.
9. Baja a fuego lento y tapa para que todo se termine de cocinar al vapor.
10. Sirve el asado como base. Encima puedes agregar lechuga picada, tomate y aguacate en cuadros y queso panela desmoronado. Por último, baña con caldo de res (tibio) al gusto.

Tips y notas importantes (adultos):

- Puedes servir con salsa de tomate casera (pág. 44) y agregar un poco de picante, lo que le dará un muy buen toque.

Tips y notas importantes (niños):

- No es necesario incluir queso panela, ya que la carne de res cuenta con proteína animal.
- Si deseas completar los cinco grupos de alimentos, incluye una porción de fruta.

Grupo de alimentos	
■ Proteína	Cuete de res, queso panela
■ Grasa	Ghee o aceite de aguacate, aguacate
■ Cereal	Papa
■ Verdura	Tomate, cebolla, calabaza, lechuga, apio

Salmón marinado con ajo y limón con puré de papa y coliflor

Rinde: 3 platillos.

Ingredientes:

- 350 gr. de salmón
- 1 limón amarillo
- Pimienta al gusto
- ½ cabeza de coliflor
- Perejil al gusto
- 2 cdtas. de ghee o aceite de aguacate
- 1 diente de ajo
- Sal de mar al gusto
- 2 papas
- Sal de ajo al gusto
- Espárragos
- 1 cdta. de aceite de oliva

Preparación:

Salmón

1. Coloca el salmón sobre una tabla, exprime todo el jugo de limón amarillo y agrega un poco de sal de mar y pimienta.
2. Sella el salmón en un sartén con una cucharadita de aceite de aguacate y el diente de ajo picadito.
3. Tapa el sartén para que se cocine al vapor a fuego medio (10 min aproximadamente).

Puré de papa y coliflor

1. Lava bien las papas, pártelas por la mitad y pásalas a una olla con agua hirviendo.
2. Agrega ½ cabeza de coliflor en floretes para que se cocinen más rápido.
3. Pasa las papas y la coliflor a un tazón con un poco de agua de su cocción, una cucharadita de aceite de oliva o ghee, sal de ajo y perejil.
4. Haz puré la mezcla y, si fuera necesario, puedes agregar más agua hasta alcanzar la consistencia deseada.

Espárragos

1. Lava y corta el tallo en menos de 2 cm aproximadamente.
2. Agrega los espárragos a un sartén con una cucharadita de aceite de aguacate y un diente de ajo picado, sal de mar y pimienta.
3. Tapa y espera a que se cocinen «al vapor».

Tips y notas importantes (adultos):

- Excelente fuente de ácidos grasos omega 3, los cuales ayudan a prevenir inflamaciones, enfermedades cardiovasculares, etc.
- Puedes sustituir el salmón por pescado blanco y los espárragos por ejotes.
- Nota: Las cantidades pueden variar según tus objetivos o requerimientos.

Tips y notas importantes (niños):

- Excelente fuente de ácidos grasos omega 3. Ayuda en el desarrollo neurológico y cerebral. Prefiere siempre el salmón o los pescados salvajes antes que los de granja.

Grupo de alimentos	
■ Proteína	Salmón
■ Grasa	Ghee o aceite de aguacate, aceite de oliva
■ Cereal	Papa
■ Verdura	Coliflor, espárragos

Rollitos de pollo con espinaca y pasta en crema de calabaza

Rinde: 3 rollitos.

Ingredientes (rollitos):

- 280 gr. de milanesa de pollo
- 2 tazas de espinacas
- 1 rebanada de cebolla
- Pimienta al gusto
- 1 cdta. de aceite de aguacate
- Sal de mar al gusto

Ingredientes (pasta):

- 1 ½ de pasta de tu elección (rottini, penne, coditos, moñitos.)
- 2 calabacitas
- Sal de mar al gusto
- 1 cdta. de ghee o aceite de aguacate
- ¼ de cebolla blanca
- 1 diente de ajo
- 1 taza de caldo de pollo o vegetal
- Pimienta al gusto
- 1 cdta. de aceite de oliva
- Guayaba

Preparación:

Rollitos

1. Coloca las milanesas sobre una tabla y sazona con sal de mar y pimienta.
2. Pica las espinacas y la cebolla en cuadros pequeños y mezcla.
3. Agrega un puño de la mezcla anterior a uno de los extremos de tu milanesa y comienza a enrollar por ese lado. Puedes usar un palillo atravesado sobre cada rollito para evitar que se deshaga.
4. Cocina en un sartén con una cucharadita de aceite de aguacate. Ve girando el rollito para que se cocine por todos los lados; también puedes taparlo para que suelte su jugo y no quede crudo por dentro.

Pasta en crema de calabaza

1. En una olla con agua hirviendo, pon a cocer la pasta con una cucharadita de aceite de oliva.
2. Una vez cocida, enjuaga con agua helada para evitar que se siga cociendo y reserva.
3. Pica la cebolla, el diente de ajo y la calabacita en partes pequeñas.
4. Sofríe en un sartén con una cucharadita de ghee.
5. Pasa la mezcla a la licuadora y agrega una taza de caldo de pollo o caldo vegetal Luego sazona con sal de mar y un toque de pimienta.
6. Vierte la crema sobre la pasta y cocina por 5 minutos más a fuego medio.
7. Acompaña esta receta con unos trozos de guayaba.

Tips y notas importantes (adultos):
- Puedes empezar tu comida con alguna sopa de vegetales o ensalada.
- Nota: Las cantidades pueden variar según tus objetivos o requerimientos.

Tips y notas importantes (niños):
- Corta los rollitos en forma de sushi para que a tu bebé le sea más fácil comerlos.
- Acompaña con una porción de fruta para tener una comida más completa.

Grupo de alimentos	
■ Proteína	Pollo
■ Grasa	Ghee
■ Cereal	Pasta
■ Verdura	Espinacas, cebolla, calabacita
■ Fruta	Guayaba

Fish and chips

Rinde: 3 platillos.

Ingredientes (rollitos):

- 350 gr. de filete de pescado.
- 1 diente de ajo.
- Jugo de ½ limón.
- 2 camotes chicos.
- Perejil fresco al gusto.
- Verduras al gusto.
- Sal de mar al gusto.
- Pimienta al gusto.
- 1 cdta. de ghee o aceite de aguacate.
- 1 cdta. de aceite de oliva.

Preparación:

1. Precalienta el horno a 180 °C.
2. Lava y corta los camotes en tiras.
3. Haz una mezcla con el aceite de oliva, la sal de mar, la pimienta y el diente de ajo picado finamente.
4. Coloca los camotes en un plato hondo y sazona con la mezcla anterior.
5. Extiéndelos sobre una charola de manera que queden bien distribuidos y no se encimen.
6. Hornea 30 minutos aproximadamente (hasta que veas que empiezan a dorarse y están un poco crujientes).
7. Exprime unas gotitas de limón sobre el pescado para quitarle el sabor y el olor fuerte del marisco.
8. Sazona con sal de mar y pimienta.
9. Cocina en un sartén con 1 cucharadita de aceite de aguacate.
10. Sirve con verduras cocidas al vapor (opciones: brócoli, zanahoria, coliflor, cebolla, etc.).

Tips y notas importantes (adultos):

- Puedes empezar tu comida con alguna sopa de vegetales, ensalada, o acompañando con suficientes verduras al vapor (mientras más variada sea tu alimentación mayor diversidad de nutrientes y beneficios aportará a tu cuerpo).
- Nota: Las cantidades pueden variar en base a tus objetivos y/o requerimientos.

Tips y notas importantes (niños):

- Al igual que con los adultos, incluye una buena variedad de alimentos en su plato; acompaña con verduras y una porción de fruta para hacerlo más completo.

Grupo de alimentos	
■ Proteína	Pescado
■ Grasa	Ghee o aceite de aguacate
■ Cereal	Camote
■ Verdura	Brócoli, coliflor, zanahoria, cebolla morada

Caldo de verduras con tofu

Rinde: 3 bowls.

Ingredientes:

- Caldo de pollo (cantidad al gusto)
- ½ taza de pasta de moñitos
- 100 gr. de tofu
- 2 zanahorias
- 2 calabacitas
- Piña
- ½ cabeza de brócoli
- 2 tazas de ejotes
- 1 taza de espinacas
- ¼ de aguacate
- Sal de mar y pimienta al gusto

Preparación:

1. Pica las espinacas, la zanahoria, los ejotes, la calabacita y el tofu en cuadros; y el brócoli en floretes.
2. Agrega el caldo de pollo a una olla y espera a que esté casi por hervir.
3. Añade la pasta al caldo, seguida por la zanahoria, los ejotes y el brócoli. Cuando todo esté casi cocido, agrega la calabacita, las espinacas y el tofu en cuadritos. Apaga el fuego y tapa para que se termine de cocinar al vapor.
4. Sirve con ¼ de aguacate chico.
5. Puedes acompañar esta receta con piña o fruta de su elección.

> **Tips y notas importantes (adultos):**
> - Puedes cambiar los vegetales a tu gusto. Puedes sustituir la pasta por arroz integral, orzo, etc.

> **Tips y notas importantes (niños):**
> - Una buena opción para esos días en que ya consumieron suficiente proteína animal. Recuerda incluir los otros grupos de alimentos.

Grupo de alimentos	
Proteína	Tofu
Grasa	Aguacate
Cereal	Pasta
Verdura	Zanahoria, calabaza, brócoli, ejotes, espinaca
Fruta	Piña

Mollete con champiñones

Rinde: 1 mollete.

Ingredientes:

- 1 rebanada de pan
- ¼ taza de frijoles
- 30 gr. de queso mozzarella
- 3 champiñones
- 1 rebanada de cebolla
- ¼ de chile
- ¼ de tomate
- ½ cdta. de ghee o aceite de aguacate
- Fresas

Preparación:

1.- Rebana los champiñones y guisa en un sartén con un toque de aceite de aguacate y un poco de ajo en polvo.
2.- Para hacer un pico de gallo, pica chile verde, aguacate, tomate, cebolla y cilantro en cuadros; agrega jugo de limón y un toque de sal de mar.
3.- Unta el frijol molido en una rebanada de pan de masa madre, seguido por el queso mozzarella. Mete al hornito hasta que gratine el queso.
4.- Sirve con el pico de gallo y los champiñones sobre el mollete.
5.- Acompaña esta receta con fresas.

Tips y notas importantes (niños):

- Acompaña con una porción de fruta, de preferencia rica en vitamina C, para que se absorba mejor el hierro de los frijoles (naranja, mandarina, fresa, mango, etc.).

Grupo de alimentos	
■ Proteína	Frijol, queso mozzarella
■ Grasa	Aguacate, ghee o aceite de aguacate
■ Cereal	Pan
■ Verdura	Chile, tomate, cebolla, champiñones
■ Fruta	Fresa

Ensalada con pollo a la parrilla

Rinde: 3 bowls.

Ingredientes:

- 180 gr. de filete de pechuga de pollo
- 60 gr. de queso panela
- 1 taza de espinacas
- ½ taza de lechuga
- 1-2 tomates
- Sal de mar al gusto
- Fresas
- Pimientos al gusto
- ½ taza de elotitos
- ½ aguacate
- 1 cda. de aceite de oliva
- ½ cdta. de mostaza
- Jugo de 1 limón
- Pimienta al gusto

Preparación:

1. Sazona los filetes de pechuga de pollo con sal de mar y pimienta y cocina a la plancha.
2. Corta la pechuga de pollo en tiras o cuadros.
3. Para hacer el aderezo: mezcla el aceite de oliva, el jugo de limón, la mostaza, la sal y la pimienta.
4. Pica la verdura, las espinacas, la lechuga, el tomate y los pimientos en cuadros. Luego agrega a un plato hondo junto con los elotitos. Vierte el aderezo y mezcla bien.
5. Agrega el queso panela y vuelve a mezclar.
6. Añade el aguacate en cuadros y la pechuga de pollo.

Tips y notas importantes (adultos): Mientras más cantidad de verduras agregues, mejor. Te ayudarán a quedar satisfecho y estarás añadiendo diferentes nutrientes.

Tips y notas importantes (niños): Puedes picar los vegetales en cuadros pequeños, de esta manera se integran mejor los sabores y tu hijo puede aceptarlos mejor.

Grupo de alimentos	
■ Proteína	Pechuga de pollo, queso panela
■ Grasa	Aguacate, aceite de oliva
■ Cereal	Elotes
■ Verdura	Espinaca, lechuga, pimientos y tomate
■ Fruta	Fresas

Rollitos de lasaña con ricotta y espinaca

Rinde: 3 rollitos.

Ingredientes:

- 6 láminas de lasaña
- 90 gr. de queso ricotta o requesón
- Salsa para pizza (pág. 45)
- Fruta de tu elección
- 60 gr. de queso Oaxaca
- 1 taza de espinacas picadas
- Ajo en polvo al gusto
- Pimienta al gusto

Preparación:

Salsa

1. Prepara la salsa de tomate.

Relleno

1. En un plato hondo, mezcla el queso ricotta con la espinaca picada, un poco de ajo en polvo y pimienta al gusto.

Pasta en crema de calabaza

1. Cuece las láminas de pasta en una olla con agua hirviendo y una cucharadita de aceite de oliva. Cuando estén listas, lava y seca bien con una servilleta de papel para quitar el exceso de agua.
2. Precalienta el horno a 180 °C.
3. Extiende las láminas de pasta sobre una tabla o superficie plana.
4. Agrega 1-2 cucharadas de la mezcla de ricotta en un extremo y comienza a enrollar.
5. Acomoda los rollitos en un refractario de vidrio.
6. Baña cada uno con un poco de salsa para pizza.
7. Decora con perejil fresco picado (puedes sustituir por albahaca u orégano) y queso Oaxaca rallado.
8. Hornea por 10 minutos.

Tips y notas importantes (adultos):

- Si estás cuidando tu alimentación o quieres una cena baja en carbohidratos, puedes sustituir la pasta por láminas de calabaza o berenjena: queda delicioso.
- Puedes sustituir el queso ricotta por requesón.
- Te recomendamos hacer salsa de tomate extra y así tendrás lista para otra comida (pizzadillas, tortita de hamburguesa, etc.).
- Acompaña con ensalada para incluir más vegetales.

Tips y notas importantes (niños):

- Acompaña con ensalada o verduras cocidas al vapor y fruta.

Grupo de alimentos	
■ Proteína	Queso ricotta, queso Oaxaca
■ Grasa	Aceite de oliva
■ Cereal	Pasta
■ Verdura	Espinaca, tomate, cebolla

Croquetas de pollo y papa

Rinde: 3 croquetas.

Ingredientes (rollitos):

- 2 papas chicas.
- 120 gr. de pechuga de pollo cocida.
- ¼ de brócoli.
- 3 cdas. de avena molida.
- Sal de mar al gusto.
- Naranja.
- 2 cdtas. de ghee o aceite de aguacate.
- Albahaca o perejil seco al gusto.
- Ajo en polvo al gusto.
- Pimienta al gusto.

Preparación:

1.- Pon a cocer la pechuga de pollo y las papas en una olla con agua, y el brócoli al vapor.
2.- Desmenuza y pica súper finitos el pollo y el brócoli ya cocidos.
3.- Muele las papas hasta que tomen una consistencia de puré.
4.- Coloca el puré de papa, el pollo y el brócoli en un plato hondo; añade un toque de sal de mar y mezcla bien hasta incorporar todos los ingredientes.
5.- Guarda la mezcla en el refrigerador por 15 minutos.
6.- Forma con tus manos las tortitas con la mezcla.
7.- En un plato, agrega la avena molida y mezcla un poco de ajo en polvo y perejil seco.
8.- Empaniza las tortitas con la avena molida (no es necesario que queden completamente cubiertas).
9.- Cocina en un sartén con el aceite de aguacate o en la freidora de aire.
10.- Acompaña esta receta con ensalada fresca de lechuga, tomate, naranja en gajos y cebolla morada con limón y sal.

Tips y notas importantes (adultos):

- Se pueden hacer sin avena molida; tampoco es necesario utilizar aceite: sólo calienta las croquetas en una plancha o comal y quedarán igual de ricas.

Tips y notas importantes (niños):

- Puedes sustituir la ensalada por bastones de verdura al vapor.

Grupo de alimentos	
■ Proteína	Pechuga de pollo
■ Grasa	Ghee o aceite de aguacate
■ Cereal	Papa y avena
■ Verdura	Brócoli, lechuga, tomate, cebolla
■ Fruta	Naranja

Pizza en pan pita

Rinde: 1 pizza.

Ingredientes:

- 1 pan pita integral
- Salsa para pizza (pág. 45)
- 30 gr. de queso mozzarella rallado

Toppings

- Pimientos mini de colores al gusto
- Piña al gusto
- Champiñones al gusto
- Aceitunas al gusto
- Cebolla blanca al gusto

Preparación:

1. Precalienta el horno a 180 °C.
2. Prepara la salsa para pizza.
3. Calienta tu pan pita en el horno por 10 minutos a 180 °C, hasta que quede doradito.
4. Pica en cuadritos la cebolla, los pimientos minis, la piña y los champiñones.
5. Guisa las verduras en un sartén con aceite de aguacate.
6. Lava las aceitunas con agua para quitarles el exceso de sodio y pártelas en rodajas delgadas o en cuadros.
7. Espera a que el pan pita esté dorado. Agrega 1-2 cucharadas de la salsa para pizza (o más si así lo deseas), seguida por el queso mozzarella rallado y por tus *toppings*.
8. Hornea nuevamente por tres minutos para que el queso se derrita.

Tips y notas importantes (adultos):

- Las porciones están calculadas por pizza (a excepción de la salsa para pizza). Puedes ajustar según tus objetivos o requerimientos.
- Agrega un toque de chile quebrado al final.

Tips y notas importantes (niños):

- Permite que ellos mismos agreguen los toppings a sus pizzas.
- Nota: Puedes jugar con los *toppings*. Recuerda siempre que, a mayor variedad de colores incluidos en tus platillos, mayor cantidad de nutrientes y diversidad en tu microbiota intestinal.

Grupo de alimentos	
■ Proteína	Queso mozzarella
■ Grasa	Aceitunas, aceite de oliva
■ Cereal	Pan pita
■ Verdura	Pimientos, champiñones, salsa para pizza
■ Fruta	Piña

postres

+ 1 año

Postres
+1 año

Una manera dulce y saludable de complacer a tu familia.

Donas integrales

Rinde: 5 donas.

Ingredientes:

- ¼ taza de harina integral
- ¼ taza de harina de almendras
- 1 cdta. de bicarbonato de sodio
- 1 huevo
- 3 dátiles
- 1 cdta. de polvo para hornear
- ½ pieza de manzana

Preparación:

1. Precalienta el horno a 180 °C.
2. Remoja los dátiles en agua tibia por lo menos tres horas. Luego remueve el hueso y coloca en el triturador junto con tres cucharadas de la misma agua donde estuvieron remojados. Tritura hasta que se vuelvan puré.
3. Remueve la cáscara de la manzana, el tallo y las semillas y corta en cuadritos pequeños.
4. Prepara la harina de almendras. Puedes comprarla hecha o triturar almendras hasta que se vuelvan polvo.
5. Coloca en el triturador todos los ingredientes: los dátiles en puré, la manzana en cuadritos, la harina de almendras, la harina integral, el huevo, el polvo para hornear y el bicarbonato. Revuelve hasta que queden bien integrados.
6. Coloca la mezcla en los moldes de las donas previamente engrasados con ghee o aceite de coco. Hazlo sin tapar el hueco de en medio. Si no tienes este molde, puedes hacerlos como muffins.
7. Hornea durante 20 minutos a 180 °C. El tiempo dependerá de tu horno; puedes checarlo introduciendo un palillo: cuando salga seco es momento de sacarlo.
8. Decora a tu gusto. Las de la imagen tienen crema de nuez de la India con coco rallado, sin azúcar y amaranto.

Grupo de alimentos	
■ Proteína	Huevo
■ Grasa	Harina de almendras
■ Cereal	Harina integral
■ Fruta	Manzana y dátiles

Pastel de frutas

Rinde: 1 pastel (5 a 6 porciones).

Ingredientes:

- 1 cdita. de polvo para hornear
- 1 taza de fruta de tu elección (moras, zarzamoras, fresas, kiwi, plátano, etc.)
- 1 taza de yogurt griego
- 1 ½ de harina de avena (pág. 44)
- 1 cda. de vainilla
- 1 plátano
- 2 huevos

Preparación:

1. Prepara los hot cakes mezclando la harina de avena, la vainilla, los huevos, el plátano y el polvo para hornear, hasta tener una mezcla homogénea.
2. Precalienta el sartén y vierte la mezcla hasta formar 5 hot cakes (intenta que sean del mismo tamaño).
3. Espera a que se enfríen antes de empezar a formar el pastel.
4. Utiliza uno de los hot cakes como base. Agrega una cucharada de yogurt griego y luego la fruta.
5. Encima de esta capa agrega otro hot cake y repite el proceso hasta alcanzar la altura que decidas para el pastel.

> **Tips y notas importantes:**
> - El pastel de la foto tiene zarzamoras, uvas moradas, moras, zarzamoras, uvas verdes, mandarina, plátano y fresas; puedes hacerlo en este estilo o solamente con un tipo de fruta en todos los niveles.

Grupo de alimentos	
■ Proteína	Yogurt griego y huevo
■ Cereal	Harina de avena
■ Fruta	Plátano, fresas, moras, mango, zarzamoras, kiwi

Granola cups

Rinde: 6 cups.

Ingredientes:

- ½ taza de harina de avena (pág. 44)
- ½ plátano maduro
- ¼ taza de pasta de dátil (pág. 46)
- 1 cda. de crema de almendras
- 1 cdta. de aceite de aguacate (para engrasar el molde)
- ½ cdta. de extracto de vainilla
- ½ taza de yogurt
- ½ taza de fruta (fresas, moras, zarzamora, frambuesa y kiwi)
- 1 taza de avena en hojuelas
- ½ cdta. de canela en polvo

Preparación:

1. Precalienta el horno a 180 °C.
2. En un plato hondo, agrega ½ plátano y aplasta con un tenedor. Luego añade la pasta de dátil, la crema de almendra, la vainilla y la canela. Mezcla con un tenedor (o con la mano) hasta incorporar bien los ingredientes.
3. Agrega la harina de avena y la avena en hojuelas. Vuelve a mezclar.
4. Engrasa con aceite de aguacate un molde para muffins con la ayuda de una brocha o una servilleta.
5. Divide la mezcla en los moldes (salen 6 aproximadamente); distribúyela bien con la ayuda de una espátula, de manera que quede una capa delgada y uniforme.
6. Hornea durante 15-20 minutos a 180 °C.
7. Deja enfriar la base antes de agregar el relleno.
8. Pica la fruta en cuadros pequeños.
9. Rellena cada canasta de avena con una cucharada de yogurt natural y decora con la fruta picada.

Grupo de alimentos	
■ Proteína	Yogurt natural
■ Grasa	Crema de almendras
■ Cereal	Avena
■ Fruta	Fresas, moras, frambuesa, dátil, kiwi, zarzamora

Postres

Helado de mango

Rinde: 8 porciones.

Ingredientes:

- 2 mangos
- 2 plátanos

Preparación:

1. Quita la cáscara a las frutas, parte en trozos y congela por cuatro horas en un recipiente de vidrio con tapa.
2. Saca del congelador y colócalos dentro del triturador de alimentos o licuadora.
3. Mezcla por 30 segundos (dependiendo de la velocidad de la licuadora), hasta que forme la apariencia de un helado.
4. Sirve y decora al gusto.
5. Puedes guardar lo que sobre en el congelador, en un recipiente de vidrio con tapa, hasta por tres meses.

Tips y notas importantes:

- Ahora sí no hay excusas: ¡helado de sólo dos ingredientes, fácil y delicioso! Un helado sin azúcar, por lo que nuestros hijos podrán disfrutarlo tanto como gusten.
- Si no tienes mango, puedes hacerlo de cualquier otra fruta, teniendo como base el plátano para darle ese sabor dulce.

Grupo de alimentos	
■ Fruta	Mango, plátano

Helado de frutos rojos

Rinde: 6 a 7 porciones.

Ingredientes:

- 3 plátanos
- 1 taza de frutos rojos (zarzamoras, moras, fresas y/o frambuesas)
- ½ taza de kéfir de leche, yogurt de coco o yogurt natural

Preparación:

1. Pela los plátanos y córtalos en rebanadas; desinfecta los frutos rojos; congela las frutas durante 4 horas en un recipiente de vidrio con tapa.
2. Agrega todos los ingredientes en una licuadora o procesador de alimentos. Tritura por un minuto, aproximadamente, hasta que queden bien incorporados y con consistencia de helado. Si te queda muy líquido, puedes meterlo nuevamente en el congelador por 2 horas.
3. Sirve y decora con fruta fresca.
4. En caso de que quede helado, puedes guardarlo en el congelador hasta por tres meses. Antes de volver a comerlo, déjalo en el refrigerador por 15 minutos: tomará una consistencia suave e ideal para bebés o niños.

> **Tips y notas importantes:**
> - Si tu bebé es menor a nueve meses, utiliza yogurt de coco.

Grupo de alimentos	
■ Proteína	Kéfir o yogurt
■ Fruta	Plátano y frambuesa

Helado de cacahuate con plátano

Rinde: 2 a 3 porciones.

Ingredientes:
- 1 plátano
- 1 cda. de crema de cacahuate
- 2 cdas. de yogurt
- 1 dátil

Preparación:
1. Pela los plátanos, córtalos en rebanadas y ponlos a congelar durante cuatro horas en un recipiente de vidrio con tapa.
2. Deja remojando el dátil (sin el hueso) en agua durante tres horas.
3. Agrega todos los ingredientes en una licuadora o procesador de alimentos. Tritura por un minuto, aproximadamente, hasta que queden bien incorporados y con consistencia de helado. Si te queda muy líquido, puedes meterlo nuevamente en el congelador por dos horas.
4. Sirve y decora con fruta fresca.

Grupo de alimentos	
Grasa	Crema de cacahuate
Fruta	Plátano y dátil

Paletas heladas marmoleadas

Rinde: 4 paletas.

Ingredientes:

- ½ taza de yogurt
- ½ plátano
- 1 cda. de betabel
- 1 cda. de zarzamora

Preparación:

1. Hierve el betabel y cuando esté listo tritúralo con un poquito de agua hasta que se vuelva puré.
2. Machaca cuatro zarzamoras con un tenedor para hacer la consistencia de papilla.
3. Machaca el plátano y mézclalo con el yogurt.
4. Agrega la mezcla de yogurt en un recipiente para paletas; luego un poco del puré de betabel o de la zarzamora y mezcla con un palillo para hacer el marmoleado como se ve en la imagen.
5. Congela por lo menos unas cuatro horas.

> **Tips y notas importantes:**
> - Una deliciosa forma de incluir vegetales en un postre, así como una idea genial para los niños que son quisquillosos a la hora de comer.

Grupo de alimentos	
Proteína	Yogurt natural
Verdura	Betabel
Fruta	Plátano y zarzamora

Bolitas de pay de limón

Rinde: 8 bolitas pequeñas.

Ingredientes:

- 3 cdas. de jugo de limón
- 1 pizca de sal
- ½ taza de coco rallado sin azúcar
- 1 taza de nueces de la India
- 2 cdas. de ralladura de limón
- ¾ taza de dátiles

Preparación:

1. Mezcla todo en el procesador hasta obtener una consistencia blanda.
2. Forma las bolitas con tus manos.
3. Refrigera por 20 minutos.

Tips y notas importantes:

- Puedes guardarlas en tu refrigerador hasta por una semana.

Grupo de alimentos	
Grasa	Nuez de la India y coco
Fruta	Dátiles

Muffins de manzana

Rinde: 7 muffins.

Ingredientes:

- 1 taza de harina de avena (pág. 44)
- 2 huevos
- 1 plátano maduro
- ½ cda. de crema de nuez de la India
- 1 cdta. de polvo para hornear
- 4 cdas. de manzana rallada
- 1 cda. de pasta de dátil
- 1 cdta. de ghee o aceite de aguacate

Preparación:

1. Precalienta el horno a 180 °C.
2. Pela la manzana y rállala finamente; de una manzana saldrán aproximadamente las cuatro cucharadas de manzana que necesitarás para la receta.
3. Mezcla todos los ingredientes en el procesador de alimentos hasta que queden incorporados.
4. Coloca la mezcla en el molde para donas previamente engrasado con ghee para que no se peguen.
5. Hornea durante 20 minutos a 180 °C.
6. Deja enfriar por 10 minutos antes de sacarlos del molde.
7. Decora a tu gusto.

Grupo de alimentos	
■ Proteína	Huevo
■ Grasa	Nuez de la India y ghee o aceite de aguacate
■ Cereal	Harina de avena
■ Fruta	Manzana

Brochetas de crepas

Rinde: 6 crepas medianas.

Ingredientes:

- 1 huevo
- 1 ¼ taza de leche de almendras o leche de vaca (300 ml)
- 1 taza de harina de avena (pág. 44)
- 1 cdta. de ghee
- 3 cdas. de pasta de dátil (pág. 46)
- Fresas al gusto

Preparación:

1. En un procesador de alimentos mezcla la harina de avena, el huevo y la leche de almendras.
2. Precalienta un sartén y agrega una cucharadita de ghee para que no se peguen.
3. Coloca la mezcla sobre el sartén y extiende para que quede muy delgada. Puedes hacerlo levantando el sartén y moviéndolo de lado a lado para que cubra toda la superficie.
4. Voltea cuando notes un cambio de color y las orillas se puedan despegar fácilmente.
5. Cuece del otro lado por un minuto más.
6. Rellénalas con la pasta de dátil.
7. Enróllalas y córtalas en tiras para poderlas introducir en el palito de la brocheta.
8. Desinfecta las fresas y córtalas en rebanadas.
9. Introduce en el palito los rollitos de crepa y la fruta en el orden que gustes.

Grupo de alimentos	
■ Proteína	Huevo
■ Grasa	Crema de almendras y ghee
■ Cereal	Avena
■ Fruta	Plátano y fresas

Postres

Energy balls de cacao

Rinde: 9 bolitas.

Ingredientes:

- ½ taza de dátiles
- 1 cda. de coco rallado sin azúcar
- ½ taza de almendras
- 1 cda. de aceite de coco
- 1 cda. de cacao en polvo

Preparación:

1. Remoja los dátiles sin el hueso por media hora.
2. En un procesador de alimentos, agrega las almendras enteras, los dátiles, el coco rallado, el aceite de coco y el cacao. Mezcla hasta que esté bien incorporado.
3. Forma bolitas con la mezcla y cúbrelas con más coco rallado.
4. Colócalas en un plato extendido y guárdalas en el refrigerador durante 20 minutos.

Tips y notas importantes:

- Por su contenido de cacao esta receta es apta para mayores de tres años.

Grupo de alimentos	
■ Grasa	Coco rallado, almendra, aceite de coco
■ Fruta	Dátil

Zucchini banana bread

Rinde: 12 a 14 rebanadas delgadas.

Ingredientes:

- 3 plátanos maduros
- 1 taza de harina integral
- ½ taza de harina de avena (pág. 44)
- ¼ taza de pasta de dátil (pág. 46)
- ½ calabacita o zucchini
- 2 cdas. de ghee o aceite de coco
- 2 cdas. de coco rallado sin azúcar
- Pizca de sal
- 1 cdta. de canela
- ¼ cdta. de nuez moscada (opcional)
- 1 cdta. de vainilla
- 1 huevo
- 1 cdta. de polvo para hornear

Preparación:

1. Precalienta el horno a 180 °C.
2. En un plato hondo, machaca los plátanos con un tenedor; luego agrega el extracto de vainilla, el huevo, la pasta de dátil y el aceite de aguacate. Mezcla hasta que todo esté incorporado. Prosigue agregando la calabacita rallada finamente y vuelve a mezclar. Por último, agrega la harina integral, la harina de avena, la canela, la nuez moscada, el polvo para hornear, el bicarbonato de sodio y la pizca de sal.
3. Engrasa un molde de 8 pulgadas para pan y agrega la mezcla; esparce para que la superficie quede plana y decora con el coco rallado.
4. Hornea por 35-40 min a 180 °C.
5. Deja enfriar antes de retirar del molde.

> **Tips y notas importantes:**
> - Es una buena opción si deseas incluir más verduras en la alimentación de tus hijos.

Grupo de alimentos	
Proteína	Huevo
Grasa	Aceite de coco, coco rallado
Cereal	Harina de avena, harina integral
Verdura	Calabacita o zucchini
Fruta	Plátano, dátil

Galletas de manzana y plátano

Rinde: 7 galletas pequeñas.

Ingredientes:

- ½ taza de harina de almendras
- 1 ½ cdas. de coco rallado sin azúcar
- ½ cda. canela
- ½ manzana
- 2 nueces
- ½ cdta. de aceite de coco
- 1 plátano

Preparación:

1. Precalienta el horno a 180 °C.
2. En un refractario, machaca los dos plátanos maduros con un tenedor.
3. Pon el resto de los ingredientes en la licuadora o procesador de alimentos: la manzana en cuadros, la harina de almendras, las nueces, el coco rallado, el aceite de coco y la canela.
4. Agrega la mezcla anterior al refractario con el plátano y mezcla.
5. Forma galletas pequeñas con tus manos.
6. Hornea durante 15 minutos a 180 °C.

Grupo de alimentos	
Grasa	Nuez, coco, aceite de coco, harina de almendras
Fruta	Manzana, plátano

Pastel crudivegano

Rinde: 1 pastel (8 porciones).

Ingredientes:

Para la base

- 1 ½ taza de avena en hojuela
- 1 cda. de crema de almendras
- Una pizca de sal
- ½ cdta. de canela
- Pasta de dátil (pág. 46)

Para el relleno

- 2 tazas de nueces de la India
- 4 plátanos
- ½ taza de zarzamoras
- ⅔ taza de aceite de coco

Preparación:

1. Deja remojando los dátiles y las nueces de la India (en diferentes tazones) desde una noche anterior.
2. Prepara la pasta de dátil.
3. En un plato hondo agrega la avena, la crema de almendras, la canela, la pasta de dátil y la pizca de sal y revuelve manualmente hasta que estén bien incorporados.
4. Para este pastel necesitarás un molde desarmable (que la base se pueda separar de los lados). Coloca en la base un pedazo de papel para hornear para que no se pegue, y luego cierra el molde a presión.
5. Coloca la mezcla anterior hasta abajo del molde, haciendo presión con los dedos para que quede bien compactada, y guárdalo en el congelador mientras preparas la mezcla del relleno.
6. En un procesador de alimentos, agrega las nueces de la India (sin el agua en donde estuvieron remojándose), los plátanos y el aceite de coco. Mezcla hasta que no queden grumos ni pedacitos de nueces de la India.
7. Retira la mitad de la mezcla que está en el procesador y reserva en un plato hondo.
8. Agrega las zarzamoras al procesador y licúa hasta que todo se haya tornado de un color morado.

9. Saca el molde del congelador, agrega la mitad de la mezcla sobre la base y vuelve a congelar por 15 minutos. Pasado este tiempo, saca nuevamente el molde y agrega la mezcla restante que tenías reservada.

10. Congela el pastel durante cuatro horas y decora con frutos rojos o la fruta de tu elección.

11. Al momento de servir, si sientes que está muy congelado, puedes esperar 15 minutos a que tome una consistencia más suave.

Tips y notas importantes:
- Si no tienes zarzamoras puedes hacerlo con otra fruta, como frambuesa o mango; sólo que la base tendrá otro color.

Grupo de alimentos	
Grasa	Crema de almendras, nuez de la India y aceite de coco
Cereal	Avena
Fruta	Dátiles, plátanos y zarzamoras

Pastel de chocolate

Rinde: 1 pastel (10 porciones).

Ingredientes:

Para el pan

- 1 taza de harina de avena (pág. 44)
- ½ taza de harina de almendras
- 2 cdtas. de polvo para hornear sin aluminio
- ½ taza de leche de vaca o bebida vegetal de almendras
- ½ taza de cacao en polvo
- ½ taza de ghee
- 4 huevos
- 1 cda. de vainilla
- Pizca de sal
- 10 dátiles

Para el betún

- 1 taza de nueces de la India
- ½ taza de bebida vegetal de almendras
- ⅓ taza de cacao en polvo
- Pasta de dátil (pág. 46)
- 2 cdas de extracto de vainilla

Preparación:

1. Precalienta el horno a 180 °C.
2. Deja remojar los dátiles durante tres horas.
3. Tamiza la harina de almendras, la harina de avena, el cacao en polvo y el polvo para hornear.
4. Coloca los dátiles y la leche en el triturador de alimentos hasta que tengan la consistencia de una papilla.
5. Posteriormente, agrega los ingredientes húmedos: el ghee derretido, los huevos y la vainilla. Licúa hasta que estén bien incorporados; después añade los ingredientes secos: la harina de avena, la harina de almendras, el cacao en polvo, el polvo para hornear y la pizca de sal. Mezcla nuevamente hasta que no tenga grumos.
6. Coloca la mezcla en un recipiente para horno previamente engrasado con ghee o aceite de coco. Puedes utilizar dos o tres moldes del mismo tamaño para reducir el tiempo en el horno.
7. Hornea por 45-50 minutos a 180 °C. El tiempo dependerá del horno y el recipiente. Para saber si el pan del pastel está cocido, puedes introducir un palillo; si sale limpio es hora de sacarlo del horno; si no, puedes dejarlo unos minutos más.

8. Deja enfriar por 20 minutos. Permite que se temple dentro del recipiente y luego retira para decorar.
9. Una vez que este frío, corta el pan en dos partes iguales con ayuda de un cuchillo (en el caso de que hayas utilizado un solo molde) y decora con el betún.

Pasos para el betún:

1. Remoja las nueces de la India durante tres horas para que estén suaves y sean más fáciles de triturar. Pasado este tiempo, tira el agua donde estuvieron remojadas.
2. Prepara la pasta de dátil.
3. Coloca las nueces de la India en el triturador de alimentos de alta potencia hasta que obtengas una crema. Ahí mismo, añade la bebida vegetal de almendras, el cacao en polvo, la pasta de dátiles y la vainilla. Tritura hasta conseguir una mezcla sin grumos.
4. Esparce la mezcla entre la división del pastel, cubre la parte superior y los costados con ayuda de una espátula y esparce el betún para que quede una capa homogénea.
5. Decora a tu gusto.

Tips y notas importantes:

- Este pastel es para niños mayores de tres años porque contiene cacao. No existe evidencia hasta el momento que respalde el uso de este ingrediente en menores a esa edad.
- Puedes sustituir la nuez de la India (del betún) por yogurt griego sin azúcar, aguacate o tofu «firme», en la misma cantidad.

Grupo de alimentos	
■ Proteína	Huevo, leche de vaca
■ Grasa	Almendra, ghee
■ Cereal	Avena
■ Fruta	Dátil

Glosario

En esta sección encontrarás de forma muy sencilla las respuestas a tus dudas más comunes sobre la alimentación complementaria.

Podrás buscar en orden alfabético y por palabra clave. Quizá ya lo hayas leído en alguna parte de este libro, pero con esta sección queremos facilitarte la información para que te sientas lista, empoderada y preparada en este camino de la alimentación complementaria.

Arcada
- Si tu bebé hizo como que «iba a vomitar» cuando comió, no es que no le haya gustado el alimento. Esto es conocido como «arcada». Es un mecanismo de defensa ante una textura y tamaño desconocidos. La arcada le sirve para expulsar ese objeto extraño. Es cuestión de maduración. Poco a poco tu bebé dejará de hacerlo.

Agua
- Ofrece agua natural y potable. No tiene que ser de alguna marca en particular.
- Recomendamos utilizar vaso de popote flexible o vaso de boca ancha.
- Al inicio, ofrece de dos a tres onzas diarias de agua natural, preferiblemente después de los alimentos. Y a partir de los nueve meses, tu bebé deberá consumir de cinco a seis onzas de agua natural al día.
- En los primeros dos años de vida te recomendamos hidratar solamente con agua natural, leche materna o de fórmula; si es mayor de un año, leche de vaca.

Alergénicos
- Pescado, mariscos, trigo, almendras, nueces, avellanas, fresas, huevo, soya, moras.
- Es indispensable seguir la «Regla de los tres días» con todos los alimentos, ya que, si no la sigues, no podrás saber cuál de ellos es el que le causó una reacción alérgica.
- Si tu bebé tiene alguna reacción a algún alimento, consulta con tu pediatra de inmediato para saber si es necesario que acudas a consulta médica.

Almacenamiento de comidas
- Te recomendamos invertir en moldes de silicón para guardar las papillas.
- Serán un gran aliado en la cocina y te ahorrarán tiempo al momento de preparar la comida de tu bebé.

Atragantamiento
- Para evitar riesgo de asfixia durante los primeros años de vida es necesario ofrecer frutos secos y semillas como almendras, nueces de la India, avellanas, cacahuates, etc., ya sea triturados, en cremas o harinas. Deberán evitarse frutos secos enteros.
- No le ofrezcas la manzana cruda, sólo rallada o hervida.
- Ten precaución con frutas redondas como moras azules, arándanos, uvas y cerezas.
- Siempre deberán ir cortadas adecuadamente y de forma longitudinal.
- Las palomitas y salchichas son de alto riesgo.

Baberos
- Prefiere de manga corta y tela ligera para que tu bebé tenga la libertad de explorar los alimentos, sentirlos en sus antebrazos y así tener una mejor aceptación de la comida.
- Estas características favorecen la exploración, exposición y tolerancia sensorial, claves para una buena relación con la comida.

Betabel
- Es alto en nitratos, y será importante ofrecerlo sólo tres días para la prueba. Luego solamente dos veces por semana en pequeñas cantidades.

Cantidad
- Cada bebé tiene requerimientos diferentes, por lo que te recomendamos acudir a consulta con un experto en nutrición infantil. Sin embargo, aún conociendo las porciones para tu bebé, es necesario respetar sus señales de hambre-saciedad
- No debes forzarlo a la hora de comer; permite que tenga autonomía y que decida cuánto quiere ingerir.
- Por lo general, te darás cuenta cuando ya esté satisfecho. Lo notarás incómodo; quizá empiece a llorar, no quiera abrir la boca o empiece a tirar más la comida o los utensilios al piso.

Cereales
- En los primeros meses de la alimentación complementaria de tu bebé puedes comprar cualquier cereal de avena o arroz que se encuentre fortificado con hierro.
- Su único ingrediente debe ser avena o arroz y no debe contener azúcares añadidos.
- Podrás ofrecer avena normal en hojuelas y arroz blando a partir de los nueve meses o cuando ya haya probado una variedad de alimentos, pues su dieta ya le estará proporcionando los nutrientes necesarios en esta etapa.

Cilantro
- Un bebé sí puede comer cilantro. Éste le dará sabor a sus comidas. Sólo cuida que esté bien lavado y desinfectado.

Cítricos
- Puedes ofrecerlos en gajos y sin piel, ya que pueden ser un riesgo de atragantamiento.

Compras
- Una silla adecuada que cumpla con todos los requisitos: espalda recta, codos arriba de la mesa y soporte en los pies.
- Vaso, ya sea con popote o abierto; plato hondo pequeño, plato con divisiones, cucharas apropiadas (que tengan un mango largo), babero de manga corta y recipientes para almacenar su comida.

Condimentos
- Puedes condimentar los alimentos de tu bebé sin problema alguno. Utiliza condimentos como canela, nuez moscada, orégano, jengibre, cúrcuma, cilantro, comino, eneldo y otras hierbas aromáticas.

Cremas de cacahuate, nuez, almendra
- Evita darlas directo con la cuchara, mejor úntalas en alguna fruta o pan.
- Lee los ingredientes: sólo deben contener el alimento en cuestión. Nada de sal, azúcar o aceites extras.

Cucharas
- La cuchara deberá ser larga con punta suave de silicón.

Desinfectan
- Te recomendamos desinfectar con bicarbonato de sodio en un litro de agua o haciendo uso de un ozonificador.

Dientes
- Aunque tu bebé no tenga dientes, de todos modos será capaz desde los seis meses de edad de manejar y masticar trocitos de alimento con la cocción, corte y madurez correcta.

Edulcorantes artificiales
- No hay suficiente evidencia científica en menores de dos años sobre el uso de edulcorantes artificiales; sin embargo, no te recomendamos utilizarlos.
- Mejor opta por endulzantes naturales como puré de manzana, dátil o plátano.

Estreñimiento
- Las primeras semanas de AC pueden ser normales, pero si tu bebé evacúa menos de tres veces por semana y con consistencia dura, entonces tiene estreñimiento.
- Trata de agregar alimentos con fibra a su dieta como papaya, ciruela, mango, naranja, espárragos y agua natural suficiente.

Evitar

- Azúcar, jugos y bebidas azucaradas antes de los dos años.
- Piloncillo y almíbares.
- Sal.
- Carne, pescado o huevo crudo. La proteína animal siempre debe estar bien cocinada para evitar infecciones bacterianas.
- Algas (por el contenido de yodo).
- Alimentos procesados.
- Bebidas de arroz (por alto contenido de arsénico).
- Infusiones o tés.
- Alimentos con riesgo de atragantamiento (nueces, palomitas, etc.).
- Mayonesa y salsas como carbonara, que utilicen huevo crudo en la preparación.
- Evitar pescados como el atún por riesgo de contaminación de mercurio.

- La miel de abeja puede venir contaminada con una bacteria llamada Clostridium botulinum, la cual ocasiona botulismo, que en los bebés puede ser fatal.
- Los embutidos no son recomendados. Son altos en sodio, conservadores y poco nutritivos, además de presentar riesgo de asfixia.
- De preferencia no ofrecer cacao, ya que no existe suficiente evidencia científica de cómo influye su consumo en los bebés.

Exposición
- Si a tu bebé no le gusta algún alimento debes seguir presentándoselo, porque a mayor exposición mayor aceptación.

Frecuencia de comidas

- Al inicio de la alimentación complementaria tu bebé comerá dos o tres veces al día (desayuno y comida). A partir del segundo mes de iniciada, puedes introducir la cena. Sus tomas de leche dependerán de si continúas con la lactancia, y pueden seguir a demanda. Si es leche de fórmula, distribuye alrededor de cuatro tomas de leche a lo largo del día y noche.
- Al inicio puedes comenzar con dos tiempos de comida, pero lo ideal será tres veces al día, para que poco a poco se acostumbre al horario familiar y reciba los nutrientes que necesita para su desarrollo a lo largo del día.
- Alrededor de los quince días de iniciada la alimentación complementaria ya puedes ir incorporando alimentos nuevos y hacer combinaciones diferentes en los tiempos de comida principales.

Grupos de alimentos

- Todos los grupos de alimentos son importantes y le darán a tu bebé los nutrientes necesarios para su desarrollo. Es importante que pruebe la mayor cantidad de ellos.
- Los grupos de alimentos son: frutas, verduras, cereales, proteína animal o vegetal y grasas.

Hierro

- Estos son los alimentos que proveen una buena fuente de hierro: huevo, cereales fortificados, hígado, carnes de res, espinacas, semilla de calabaza, quinoa, brócoli y tofu.
- Es importante incluirlos desde el inicio de la AC.

Hígado de pollo

- Puedes encontrarlo en el mercado o en el súper; si compras el pollo entero, por lo general viene en una bolsita. Sólo lávalo muy bien; puedes retirar coágulos de sangre y luego ponerlo a hervir.

Higiene

- Utiliza un detergente suave para lavar los utensilios de tu bebé; te recomendamos tener una esponja separada para ellos y cambiarla con frecuencia.
- Puedes desinfectar frutas y verduras con bicarbonato de sodio en un litro de agua o usando un ozonificador.

Horarios

- Puedes establecer horarios que les resulten bien como familia, cuidando de que no interfieran con sus tomas de leche. Intenta que las tomas de leche sean por lo menos una hora antes o después de sus alimentos para que no ocupen el espacio de los alimentos sólidos.

Hotcakes

- No te recomendamos hacer hotcakes con demasiada frecuencia, ya que tu bebé necesita conocer qué hay dentro de su comida. Puede ser un platillo muy versátil que se ofrezca en fines de semana y los toppings podrían ser ingredientes de esos hotcakes.

Huevo
- Te recomendamos el huevo orgánico de libre pastoreo, ya que no se le inyectan hormonas a la gallina ni se le acumulan altos niveles de pesticidas que puedan ser perjudiciales para tu bebé.
- Trata de ofrecer el huevo solo en una comida del día, preferiblemente completo, por su elevado aporte de proteína.
- El huevo debe darse perfectamente cocinado, no crudo ni con yema blanda.

Inicio de la AC
- Inicia la AC a los seis meses de edad o cuando su sistema motor se encuentre lo suficientemente maduro. Es indispensable que tu bebé ya pueda sentarse por sí solo o con apoyo; que el reflejo de extrusión haya desaparecido, que muestre interés por la comida y pueda llevarse la comida a la boca.
- En bebés prematuros se deberá tener en cuenta la edad corregida y comenzar cuando ya se hayan alcanzado los puntos anteriores o hitos de desarrollo.
- Si tu bebé sigue teniendo el reflejo de extrusión, lo mejor será que esperes unas semanas hasta que desaparezca.
- Puedes iniciar con cualquier alimento que desees. Prefiere alimentos ricos en hierro, zinc, vitamina A y vitamina D. Por lo general, el cereal de avena fortificado puede ser una excelente opción, ya que la textura es altamente aceptada por los bebés y es un alimento con un alto aporte de hierro.
- No debes empezar sólo con frutas por un mes, verduras por un mes, y así sucesivamente. Desde su inicio, la alimentación complementaria de tu bebé necesitará de los nutrientes que aportan todos los grupos de alimentos.

- Sería normal que empieces la AC y tu bebé no quiera comer, ya que serán estímulos nuevos a los que él no está acostumbrado. La introducción de alimentos y la exploración sensorial tendrán que ser progresivas y siempre en un ambiente relajado.

Lácteos
- Se pueden ofrecer a partir de los nueve meses, excepto la leche de vaca.
- Deben ser pasteurizados con el fin de eliminar microorganismos patógenos.

Leche de vaca
- Leche materna y/o fórmula: Sigue siendo su principal alimento hasta el año de vida.
- No debes darle leche de vaca a tu bebé hasta después del año, ya que una cantidad tan alta de proteína puede causar sangrados intestinales.

Leguminosas
- Deja remojar por doce horas, desecha el agua y cuece en agua limpia y nueva. De esta forma tu bebé podrá digerir mejor el alimento, además de remover el recubrimiento de ácido fítico.

Limpieza
- Mientras está comiendo no debes limpiarlo. Eso puede cortar su experiencia positiva. Espera al final para hacerlo.

Masticación

- Los bebés se han estado preparando para este momento desde la etapa intrauterina. Por lo general, a los seis meses ya están capacitados para masticar, aunque no tengan dientes.

Menús

- Para organizar los menús semanales de comida de tu bebé, te recomendamos utilizar el método meal prep (te hemos hablado de él en este libro). Consiste en cortar frutas y verduras y dejar alimentos parcialmente preparados durante el fin de semana. Esto es para que, entre semana, puedas armar los platillos más fácilmente. Invierte en un calendario y planea las comidas semanales, usando los mismos ingredientes que utilizarás para el resto de la familia.

Ejemplo de un menú de desayuno, comida y cena al inicio de la alimentación complementaria

- Día 1 a día 3:
  Cereal de avena.
- Día 3 a día 6:
  Cereal de avena + papaya.
- Día 6 a día 9:
  Cereal de avena + papaya + calabaza.
- Día 9 a día 12:
  Cereal de avena + papaya + calabaza + hígado de pollo.
- Día 12 a día 15:
  Cereal de avena + papaya + calabaza + hígado de pollo + aguacate.

Métodos de alimentación

Método tradicional

- En este método el bebé es alimentado por sus padres a través de papillas.
- Si se sigue este método debe haber una correcta progresión de texturas. Es decir, se puede empezar ofreciendo purés, pero al cabo de un par de meses se debe pasar a una textura de machacado, luego a picado fino y por último a picado grueso.

Baby-Led Weaning (BLW)

- El bebé se alimenta por sí mismo con trozos de comida. Lo hace utilizando sus manos en lugar de utensilios y sin la ayuda de sus papás (con alimentos ofrecidos siempre en consistencia y tamaño adecuados). En este método se promueve su autonomía y se ahorra tiempo y costo de los alimentos, así como se propicia que el bebé desarrolle buenas señales de hambre-saciedad, lo que disminuirá el riesgo futuro de sobrepeso y obesidad.

Baby-Led Introduction to Solids (BLISS)

- Es una combinación del método tradicional y del BLW. El bebé es alimentado por papillas, seguido por machacados, picado fino y, por último, picado grueso, incluyendo siempre algún alimento en trozo para que se familiarice con las texturas. Se le da mayor importancia a introducir alimentos altos en hierro.

Nitratos
- Por su alto contenido de nitratos, las verduras como espinacas, betabel y acelgas se deberán ofrecer con moderación, ya que, con su consumo continuo, el bebé puede desarrollar metahemoglobinemia infantil.
- En casos de niños con infecciones bacterianas debemos evitarlos, puesto que ellos son más sensibles a los nitratos.

Orgánico
- La Environmental Working Group (EWG, ONG estadounidense) realiza una lista anual en la que cada año especifica cuáles son los alimentos más limpios (libres de pesticidas y que se pueden comer de manera convencional) y cuál es la docena más sucia (The Dirty Dozen).
- En este caso, entre los alimentos más sucios y contaminados por pesticidas te recomendamos comprar orgánicos. Algunos de ellos son los siguientes: fresas, espinacas, hojas de col rizada, nectarinas, manzanas, cerezas, melocotones, peras, pimientos morrones, tomates, apio.

Organización
- Te recomendamos cocinar para varios días, de esta forma te será más sencillo ofrecer alimentos de calidad a tu bebé.

Pan

- Prefiere el integral, de masa madre y, si es posible, sin sal.
- Evita el pan blanco de caja. Al pegarse en el paladar causa alto riesgo de asfixia.
- Si eliges uno comercial, asegúrate de que sea bajo en sodio.
- Si usas pan Ezequiel, verifica que tu bebé haya probado todos los granos por separado.
- Si no consigues ninguno de éstos, puedes utilizar bolillo o telera.

Papillas

- El método de papillas también se conoce como «progresión de texturas». Inicia con papilla líquida, avanza a papilla pastosa, machacados y luego picaditos; todo esto debería ocurrir antes de los nueve meses de tu bebé.
- Puedes calentar las papillas a baño María. No te recomendamos hacerlo en el microondas.

Pescado

- Se recomienda incluir pescados y mariscos como salmón, boquerón, merluza, pargo, dorado, lenguado y sardina. Selecciona pescados salvajes en vez de granja.
- Evita pescados como tiburón, atún o pez espada, ya que pueden tener contaminación por mercurio.
- Mientras más grande es el pez mayor es su contenido de mercurio.

Picky eater
- Por su textura, muchas veces la carne puede ser un poco difícil de aceptar por los bebés. Te recomendamos preparaciones como hamburguesitas, puesto que es carne que ya está triturada, por lo cual les resulta más fácil comer.
- Es normal que tu bebé tenga períodos con menor apetito. En ocasiones se debe a que está atravesando algún brote de crecimiento, erupción dental, cambio de rutina o de su cuidador. Ten mucha paciencia en estos días y recuerda que no debes forzarlo a comer. Sin embargo, sí deberás continuar ofreciendo y presentando alimentos de calidad.
- Evita proporcionarle siempre los mismos alimentos. Lo ideal es que tu bebé tenga una dieta variada, con muchos colores, sabores y texturas, para que pueda obtener los nutrientes necesarios para un desarrollo óptimo.
- Es importante introducir muchos alimentos antes del año. De esta manera se estará previniendo que el bebé sea selectivo.

Platos
- Te recomendamos un platito con succión y divisiones. Será una manera excelente de que tu bebé pueda ir conociendo los diferentes grupos de alimentos y sus colores, texturas y sabores.

Quesos
- Que sean pasteurizados y bajos en sodio.
- Evita la sal dentro sus ingredientes hasta después del año.

Sal

- Se debe evitar antes del año, ya que los riñones de tu bebé no están lo suficientemente maduros. Cuando se incorpore, después del año, debe ser en muy poca cantidad y yodada; es decir, enriquecida en yodo para el buen desarrollo cerebral.

Semillas en frutas

- Ofrece frutas como plátano, guayaba y fresa con semillas, a menos que le generen diarrea o estreñimiento. Pero en la mayoría de los bebés no debe haber problema.

Silla de comer

- La silla de comer es uno de los productos más importantes que deberás comprar. Ten cuidado a la hora de elegirla, ya que, si tu bebé se siente seguro, probablemente comerá mucho mejor. Deberás tener en cuenta cuatro puntos importantes:

- La espalda de tu bebé debe quedar recta.
- Que su cadera, rodillas y tobillos queden en un ángulo de noventa grados.
- Base fija de sustentación para sus pies.
- Charola a la altura de sus brazos para que tenga movimiento libre y espacio para explorar sus alimentos.

Utensilios

- No necesitarás demasiados utensilios. Te recomendamos invertir en una buena licuadora o procesador de alimentos, una vaporera y un sartén.

Vaso

- Deberás ofrecer agua potable y natural. Puedes hacerlo en un vasito con popote (el conocido osito), el cual ayudará hasta como terapia de lenguaje, o sino en un vasito pequeño sin boquilla.

Yogurt griego

- Sí se puede ofrecer desde los nueve meses de edad, pero al ser alto en proteína no se recomienda su consumo habitual en bebés. La mejor opción será un yogurt natural, elaborado con leche entera y cultivos vivos.

Agradecimientos

Agradezco infinitamente a mi esposo por ser el apoyo y la fortaleza en cada uno de mis proyectos. ¡Te amo, amor! También agradezco a mis papás y hermanos, por ser mi porra siempre, en cualquiera de mis metas. A mis compañeras: Di, Gaby y Dany, por su entrega y trabajo duro; diariamente aprendo de ustedes. Y gracias a mi pequeño Luisito, porque desde que nació me ha sacado de mi zona de confort, permitiendo que explore áreas de mi carrera que jamás creí posibles y obligándome a prepararme muchísimo para guiarlo mejor. Te amo, bebé; todo es por y para ti.

-Ericka

Gracias, James, por ser mi compañero en este viaje y por enseñarme a tomar la vida un poco menos en serio para disfrutarla más. Gracias, mamá y papá por apoyarme, guiarme y ser parte fundamental de quien soy hoy en día. Gracias, David, tu perseverancia y la pasión con la que ayudas a tantos niños todos los días me hacen querer trabajar con causa. Gracias Eri, Gaby y Dany, por este gran proyecto y la oportunidad de trabajar juntas. Gracias, Matthew, este libro es para ti. Te agradezco por enseñarme a navegar en este hermoso mundo de la maternidad. Sin tu llegada, todo el conocimiento aprendido a través de los años no tendría sentido. Gracias, hijo, por ser mi motor y gran regalo de esta vida.

-Diana

Gracias a mi esposo por ayudarme a sacar mi mejor versión, por escucharme y apoyarme siempre, por sus críticas y sinceridad. Gracias a mis padres por su gran ejemplo y los cimientos tan fuertes que forjaron en mí. Gracias, papá, por toda tu confianza y ayuda para realizarme profesionalmente; gracias, mamá, por ser siempre mi pilar y maestra. Gracias a mis compañeras, ahora amigas, por todo su esfuerzo puesto en este trabajo. Gracias a mi hija, quien me convirtió en madre y ha venido a enseñarme tanto en tan poco tiempo; y gracias también a nuestro segundo bebé. Esto nace por ustedes, por la necesidad y los deseos de ofrecerles siempre lo mejor y porque entendemos lo que es el amor de un padre; gracias, Dios por amarme tanto y poner en mi camino a todas estas personas tan maravillosas.

-Gabriela

Gracias a Dios por permitirme ser mamá y enseñarme a poner mis habilidades y talentos al servicio de los demás. Gracias a mi esposo, Fernando, por ser mi fortaleza, echarme porras y animarme a seguir luchando para cumplir mis sueños. Gracias a mis papás y a mis suegros por ser un pilar tan importante en el cuidado de mis hijos. Gracias a mis hijos, Fernando y Ana María, por enseñarme tanto cada día; este libro es por y para ustedes. Gracias por ser mi motor y mi principal motivación. Gracias a Diana, Eri y Gaby por toda su dedicación puesta en este proyecto, el cual ayudará a tantas familias. Gracias a Gaby, Jenni, Vianey, Joaquín y Ricardo por ser parte esencial en la preparación y fotografías de este recetario.

-Daniela

Conclusión

Ojalá disfrutes este libro tanto como nosotras amamos hacerlo para ti, que goces cocinando para tu bebé, que él desarrolle el gusto por la comida y que este sea el inicio de una vida donde perduren los hábitos saludables. Deseamos que los consejos compartidos te ayuden a hacer esta etapa más llevadera, sin preocupaciones, y que sean una experiencia bonita tanto para ti como para tu bebé.

¡Te agradecemos mucho la confianza! Nos encantará que nos compartas tus fotos de los platillos en nuestras redes sociales.

Muchas gracias por recomendar nuestro trabajo y este recetario con otras mamás que creas que puedan sacarle provecho.

@diana.anconawellness
@gabrielaibarra.mx
@healthybabyfood_mx
@nutriologaerickamota
@masmamiquenutri

Referencias

- American Academy of Pediatrics (17 de marzo de 2021). Starting solid foods. Healthy Children. Recuperado de: https://www.healthychildren.org/English/ages-stages/baby/feeding-nutrition/Pages/Starting-Solid-Foods.aspx

- American Academy of Pediatrics. (21 de noviembre de 2015). Las alergias más comunes a los alimentos. Healthy Children. Recuperado de: https://www.healthychildren.org/Spanish/healthy-living/nutrition/Paginas/Common-Food-Allergies.aspx

- American Academy of Pediatrics (s.f.). Infant Food and Feeding. Recuperado de: https://www.aap.org/en-us/advocacy-and-policy/aap-health-initiatives/HALF-Implementation-Guide/Age-Specific-Content/Pages/Infant-Food-and-Feeding.aspx

- Bajowala S. (s.f.). Introducing Allergens to Babies. Solid Starts. Recuperado de: https://solidstarts.com/starting-solids/allergies/introducing-food-allergens-to-babies

- Brown, A., Jones S.W., & Rowan H. (2017). Baby-Led Weaning: The Evidence to Date. Current nutrition reports, 6(2), 148–156. https://doi.org/10.1007/s13668-017-0201-2

- Brunner-Lopez O., Fuentes-Martin M.J., Ortigosa-Pezonaga B., Lopez-Garcia A.M. & Grupo de Especialización de Nutrición Pediátrica de la Academia Española de Nutrición y Dietética. (21 de junio de 2019). Texturas evolutivas en la introducción de nuevos alimentos: un acercamiento teórico. Revista Española de Nutrición Humana y Dietética, 23(2), 104-122. http://dx.doi.org/10.14306/renhyd.23.2.459

- Canadian Paediatric Society (enero de 2020). Feeding your baby in the first year. Caring for kids. https://www.caringforkids.cps.ca/handouts/pregnancy-and-babies/feeding_your_baby_in_the_first_year

- Center for Disease Control and Prevention (11 de diciembre de 2020). Choking Hazards. https://www.cdc.gov/nutrition/InfantandToddlerNutrition/foods-and-drinks/choking-hazards.html

- Center for Disease Control and Prevention (11 de diciembre de 2020). When, what and how to introduce solid foods. https://www.cdc.gov/nutrition/infantandtoddlernutrition/foods-and-drinks/when-to-introduce-solid-foods.html

- Chan E.S., Abrams E.M., Hildebrand K.J. & Watson W (2018). Early introduction of foods to prevent food allergy. Allergy, Asthma & Clinical Immunology, 14, 93-101. https://doi.org/10.1186/s13223-018-0286-1

- Cowbrough K. (2010). Feeding the toddler: 12 months to 3 years - changes and opportunities. Journal of Family Health Care. 20(2), 49-52.

- Cuadros-Mendoza C.A., Vichido-Luna M.A., Montijo-Barrios E., Zárate-Mondragón F., Cadena-Leon J.F., Cervantes-Bustamante R., Toro-Monjáraz E. & Ramírez-Mayans J.A. (mayo de 2017). Actualidades en alimentación complementaria. Acta pediátrica de México, 38(3), 182-201. https://doi.org/10.18233/apm38no3pp182-2011390

- Daniels L., Heath A.L.M, Williams S.M., Cameron S.L., Flemming E.A., Taylor B.J., Wheeler B.J., Gibson R.S. & Taylor R.W. (12 de noviembre de 2015). Baby-Led Introduction to SolidS (BLISS) study: a randomised controlled trial of a baby-led approach to complementary feeding. BMC Pediatrics 15, 179. https://doi.org/10.1186/s12887-015-0491-8

- Dirección Nacional de Salud Materno Infantil (s.f.). Guías Alimentarias para la Población Infantil, Consideraciones para los equipos de Salud. Ministerio de Salud y Ambiente de la Nación. https://www.sap.org.ar/docs/profesionales/PDF_Equipo_baja.pdf

- Fangupo L.J., Heath A.M., Williams S.M., Erickson-Williams L.W., Morison B.J., Fleming E.A., Taylor B.J., Wheeler B.J. & Taylor R.W. (2016). A Baby-Led Approach to Eating Solids and Risk of Choking. Pediatrics, 138(4), e20160772. https://doi.org/10.1542/peds.2016-0772

- Fleischer D.M., Spergel J.M., Assa'ad A.H. & Pongracic J.A. (2013). Primary prevention of allergic disease through nutritional interventions. The Journal of Allergy and Clinical Immunology in Practice, 1(1), 29-36. https://doi.org/10.1016/j.jaip.2012.09.003

- Flores-Huerta S., Martínez-Andrade G., Toussaint G., Adell-Gras A. & Copto-García A. (marzo 2006). Alimentación complementaria en los niños mayores de seis meses de edad. Bases técnicas. Boletín Médico del Hospital Infantil de México, 63, 129-144.

- Flores-Huerta S. (2011). Importancia de la alimentación de los niños en el primer año de vida. Gaceta Médica de México, 147(Suppl 1), 22-31.

- Food Allergy Canada (s.f.). Early Introduction. https://foodallergycanada.ca/living-with-allergies/ongoing-allergy-management/parents-and-caregivers/early-introduction/

- Gavin L.M. (octubre de 2016). El hierro y su hijo. KidsHealth from Neumors. https://kidshealth.org/es/parents/iron-esp.html

- Gil-Hernandez A., Uauy-Dagach R., Dalmau-Serra J., & Comite de Nutrición de la AEP. (noviembre de 2006). Bases para una alimentación complementaria adecuada de los lactantes y los niños de corta edad. Anales de Pediatría, 65(5), 481-495. https://doi.org/10.1157/13094263

- González-Hernández N., López-Robles G.A., & Prado-López L.M. (2016). Importancia de la nutrición: primeros 1000 días de vida. Acta Pediátrica Hondureña, 7(1), 597-607.

- Government of Canada (14 de octubre de 2020). Meal planning. https://food-guide.canada.ca/en/tips-for-healthy-eating/meal-planning/

- Government of Canada. (18 de enero de 2021). Safe foods storage. https://www.canada.ca/en/health-canada/services/general-food-safety-tips/safe-food-storage.html

- Harris J.L., Fleming-Milici F., Frazier W., Haraghey K., Kalnova S., Romo-Palafox M., Seymor N., Rodríguez-Arauz G. & Schwartz M.B. (noviembre de 2016). Baby Food FACTS: Nutrition and marketing of baby and toddler food and drinks. UConn Rudd Center for Food Policy and Obesity.

- HealthLink British Columbia (24 de julio de 2020). Introducing Solid Foods to your baby. https://www.healthlinkbc.ca/health-topics/te4473

- Healthy Child Manitoba (s.f.). Feeding your baby, 6 months to 1 year. https://www.gov.mb.ca/healthychild/healthybaby/hb_solidfoods.pdf

- Hernández-Aguilar M.T. (2006). Alimentación complementaria. En Asociación Española de Pediatría de Atención Primaria (Ed.), Curso de Actualización de Pediatría. (pp. 249-256). Exlibris Ediciones.

- Instituto Colombiano de Bienestar Familiar (13 de enero de 2020). El agua, un aliado para el desarrollo de la niñez. https://www.icbf.gov.co/ser-papas/importancia-del-agua-en-la-dieta-de-los-ninos

- Mayo Clinic (11 de agosto de 2020). Children's nutrition: 10 tips for picky eaters. https://www.mayoclinic.org/healthy-lifestyle/childrens-health/in-depth/childrens-health/art-20044948

- Mayo Clinic (2 de febrero de 2021). Solid foods: How to get your baby started. https://www.mayoclinic.org/healthy-lifestyle/infant-and-toddler-health/in-depth/healthy-baby/art-20046200

- Morison B.J., Heath A.L.M., Haszard J.J., Hein K., Fleming E.A., Daniels L., Erickson E.W., Fangupo L.J., Wheeler B.J., Taylor B.J. & Taylor R.W. (15 de agosto de 2018). Impact of a modified version of Baby-Led Weaning on dietary variety and food preferences in infants. Nutrients, 10(8), 1092. https://doi.org/10.3390/nu10081092

- National Health Service (15 de noviembre de 2018). Foods to avoid giving babies and young children. https://www.nhs.uk/conditions/baby/weaning-and-feeding/foods-to-avoid-giving-babies-and-young-children/

- National Health Service (24 de julio de 2018). Food Allergies in babies and young children. https://www.nhs.uk/conditions/baby/weaning-and-feeding/food-allergies-in-babies-and-young-children/

- National Institute for Health and Welfare in Finland (2019). Eating together - food recommendations for families with children. https://www.julkari.fi/bitstream/handle/10024/137770/URN_ISBN_978-952-343-264-2.pdf?sequence=1&isAllowed=y

- Organización de las Naciones Unidas para la Alimentación y la Agricultura (2013). Necesidades Nutricionales del ser humano. http://www.fao.org/3/am401s/am401s03.pdf

- Organización Mundial de la Salud (s.f.). Alimentación complementaria. https://www.who.int/nutrition/topics/complementary_feeding/es/

- Pérez-Escamilla R., Segura-Pérez S. & Lott M. (febrero 2017). Guías de alimentación para niñas y niños menores de dos años: Un enfoque de crianza perceptiva. NC: Healthy Eating Research. https://healthyeatingresearch.org/wp-content/uploads/2017/10/GuiaResponsiva_Final.pdf

- Pinto-Manzo V. (s.f.). Baby-led weaning: análisis de la evidencia científica. [Diapositiva de PowerPoint]. Carrera de Nutrición y Dietética, Pontifica Universidad Católica de Chile. https://nutricion.uc.cl/wp-content/uploads/2020/05/BLW-2020.pdf

- Raising Children Network. (28 de noviembre de 2019). Fussy eating. https://raisingchildren.net.au/toddlers/nutrition-fitness/common-concerns/fussy-eating#fussy-eating-facts-nav-title

- Rapley G. (14 de junio de 2016). Are puréed foods justified for infants of 6 months? What dos the evidence tell us? Journal of Health Visiting, 4(6), 289-295. https://doi.org/10.12968/johv.2016.4.6.289

- Romero-Valverde E., Villalpando-Carrión S., Pérez-Lizaur A., Iracheta-Gerez M.L., Alonso-Rivera C.G., López-Navarrete G.E., García-Contreras A., Ochoa-Ortiz E., Zarate-Mondragón F., López-Pérez G.T., Chávez-Palencia C., Guajardo-Jáquez M., Vázquez-Ortiz S., Pinzón-Navarro B.A., Torres-Duarte K.N., Viadal-Guzmán J.D., Michel-Gómez P.L., López-Contreras I.N., Arroyo-Cruz L.V., Pinacho-Velázquez J.L., (2016). Consenso para las prácticas de alimentación complementaria en lactantes sanos. Boletín Médico del Hospital Infantil de México, 73(5), 338-356. http://doi.org/10.1016/j.bmhimx.2016.06.

- Rothman R. (29 de diciembre de 2016). Introducing the Top 8 allergens to infants. San Diego Breastfeeding Center. https://www.sdbfc.com/blog/2016/12/29/introducing-the-top-8-allergens-to-infants

- Scaglioni S., De-Cosmi V., Ciappolino V., Parazzini F., Brambilla P. & Agostoni C. (31 de mayo de 2018). Factors influencing children's eating behaviors. Nutrients, 10(6), 706. https://doi.org/10.3390/nu10060706

- Secretaría de Salud. (2010). Guías de Alimentos para la Población Mexicana.http://www.imss.gob.mx/sites/all/statics/salud/guia-alimentos.pdf

- Shaw V. (s.f.) Hydration in infants and children [Diapositiva de PowerPoint]. British Nutrition Foundation. https://www.nutrition.org.uk/attachments/442_Shaw.pdf

- Taylor R.W., Williams S.M., Fangupo L.J., Wheeler B.J., Taylor B.J., Daniels L., Fleming E.A., McArthur J., Morison B., Erickson L.W., Davies R.S., Bacchus S., Cameron S. L. & Heath A.M. (2017). Effect of a Baby-Led Approach to Complementary Feeding on Infant Growth and Overweight: A Randomized Clinical Trial. JAMA pediatrics, 171(9), 838–846. https://doi.org/10.1001/jamapediatrics.2017.1284

- Termes-Escalé M. (3 de junio de 2020). Como deben de ser las raciones de la comida en los niños. FAROS Sant Joan de Déu. https://faros.hsjdbcn.org/es/articulo/como-deben-ser-raciones-comida-ninos

- The Environmental Working Group. (2021). Shopper's Guide to Pesticides in Produce, Dirty Dozen. https://www.ewg.org/foodnews/dirty-dozen.php

- UC San Diego Health. (1 de febrero de 2019). Alérgenos: Alimentos. https://myhealth.ucsd.edu/Spanish/RelatedItems/85,P03138

Made in the USA
Columbia, SC
05 December 2023